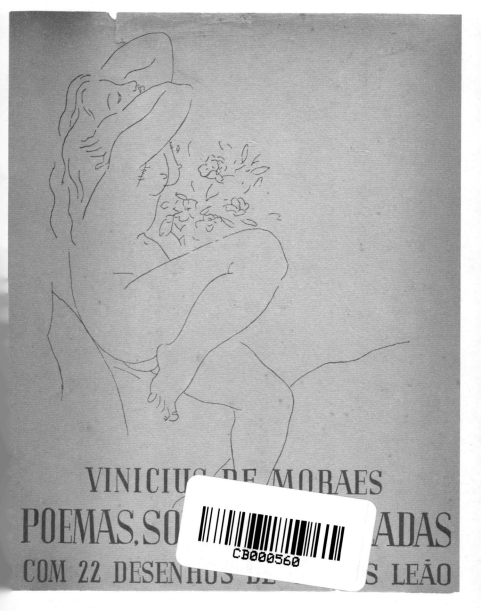

VINICIUS DE MORAES
POEMAS, SO... ...ADAS
COM 22 DESENHOS DE ... LEÃO

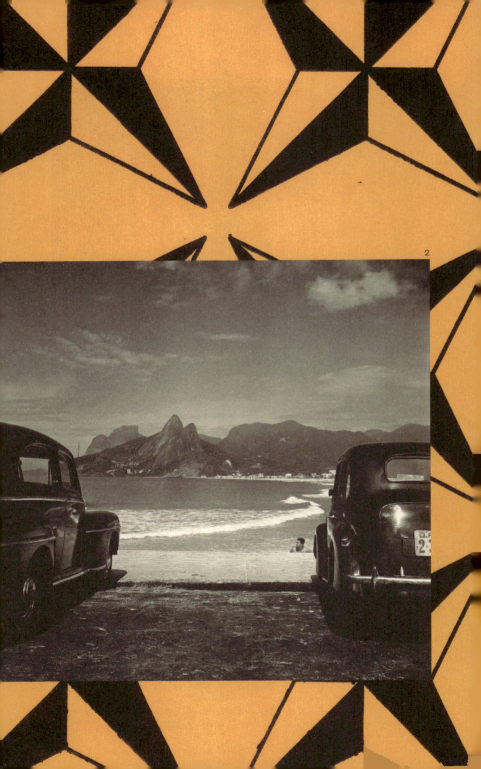

2

Vinicius de Moraes com o escritor americano Waldo Frank. Os dois viajaram juntos pelo Norte e Nordeste do Brasil em 1942. Segundo Vinicius, essa viagem mudou sua vida, ao lhe proporcionar uma visão profunda da realidade social brasileira.

O Riso

Aquele riso ~~foi~~ ~~era~~ o canto celebre
De primeira estrela, em vão
Milagre de primavera intata
Na ~~~~ de neve
Rosa aberta ao vento ~~e leve~~
~~Breve~~ Breve; ~~pressuroso~~ ~~~~ muito de leve...

Não, Aquele riso foi o canto celebre
Alta melodia imovel
forjeio de ~~~~ fonte nubil
~~~~ Apenas ~~~~ brotô, na lira
Fonte entre labios - hora
Unopica do ~~silencio~~ ds. ares.

Ó' musica entre petalas
bem ~~despertar~~ ~~~~ o ~~~~ ~~~~ ~~~~
~~~~ ~~~~ ~~~~
Misterio maior é o sôno
Si de subito não u ouve o riso na noite."

                    Oxf. 15.1.39

~~~~ ~~~~ ~~~~
~~~~ ~~~~ ~~~~

6 Vinicius com seus filhos, Susana e Pedro, em sua casa no Leblon, Rio de Janeiro (1942).

7 Com sua mulher, Tati, e Susana, em Los Angeles, primeiro posto diplomático de Vinicius (1946).

8 Manuscrito de "Soneto do maior amor", ainda sem título.

LÁPIDE

~~MURMURIO~~ DE SINHÁZINHA FERREIRA

(...)

Oxford 6.12.38

9 Ao lado, detalhe de um dos prédios da Universidade de Oxford, Inglaterra, onde, no Magdalen College, o poeta estudou língua e literatura inglesas e escreveu — entre 1938 e 1939 — a maior parte dos poemas do livro *Poemas, sonetos e baladas*.

11 Vinicius com o casal Helena e Fernando Sabino, no Rio de Janeiro (início da década de 40).

12 Interior da casa do arquiteto e artista plástico Carlos Leão (cuja mulher, Beatriz, era irmã de Tati, primeira mulher de Vinicius) no morro do Cavalão, em Niterói. Além de aparecer na "Balada do Cavalão", esse foi o local onde o poeta, numa noite de 1942, teve a idéia de escrever a peça *Orfeu da Conceição* e redigiu seu primeiro ato.

13 Ao lado, marca do Ciro's, no Sunset Boulevard, em Hollywood. Vinicius freqüentava o célebre *nightclub* e outras casas de jazz quando morou em Los Angeles, entre 1946 e 1950.

MINISTÉRIO DA EDUCAÇÃO E SAÚDE
SERVIÇO DO PATRIMONIO HISTORICO E ARTISTICO NACIONAL

Balada do Mangue

Pobres flores gonocócicas
Que à noite despetalais
As vossas pétalas tóxicas!

16 Fotogramas do filme *Limite* (1930), de Mário Peixoto, que Vinicius considerava um dos maiores filmes da história do cinema. Em julho de 1942, no Rio de Janeiro, o poeta organizou uma sessão para mostrá-lo ao amigo Orson Welles.

17 Capas dos dois números da revista *Filme* (1949), editada por Vinicius e Alex Viany.

uuuunu PÁTRIA MINHA

A minha pátria é c^m^ se nã^ f^sse, é íntima
~Docura~ e v^ntade de ch^rar; uma criança d^rmind^
É minha pátria; p^r iss^, n^ exíli^
Assistind^ d^rmir meu filh^
Ch^r^ de saudades de minha pátria.

~(riscado)~
~(riscado)~

Se me perguntarem ^ que é minha pátria, direi:
Nã^ sei. De fat^, nã^ sei
C^m^, p^rque e quand^ a minha pátria
Mas sei que a minha pátria é ~(riscado)~ a luz, ^ sal e a água
        elab^ram
Que ~(riscado)~ e liquefazem a minha mág^a
~(riscado)~ _nestas amores,_
~(riscado)~ l^ngas lágrimas.~(riscado)~

V^ntade de beijar ^s ^lh^s de minha pátria
De passar-lhe a mã^ pel^s cabel^s, de niná-la
        (do ~(riscado)~ vestido) ~(riscado)~ _(auriverde!)_
V^ntade de mudar as c^res ~(riscado)~ tã^ feias
De minha pátria, de minha pátria sem ~(riscado)~ sapat^s
E sem meias, ~(riscado)~ pátria minha
Tã^ p^brinha!

P^rque te am^ tant^, pátria minha, eu que nã^ tenh^
            semente,
Pátria, ~(riscado)~ eu que nascí d^ vent^
    que
Eu nã^ v^u e nã^ venh^, eu que permaneç^
Em c^ntat^ c^m a d^r d^ temp^, eu element^
            ação
De ligaçã^ entre a ~(riscado)~ e ^ pensament^
Eu, fi^ invisível n^ espaç^ de t^d^ ^ adeus
Eu, ^ sem Deus?

Tenh^-te ~(riscado)~ entant^ em mim c^m^ um gemid^
De fl^r; tenh^-te c^m^ um param^r m^rrid^

19 Ao lado, detalhe dos azulejos pintados por Candido Portinari para o edifício-sede do Ministério da Educação e Saúde (atual Palácio Gustavo Capanema), no centro do Rio de Janeiro, que serviu de motivo para o poema "Azul e Branco".

20 Manuscrito de "Pátria minha" que deixa ver o poema ainda com o título "Minha pátria".

POEMAS, SONETOS E BALADAS

E

PÁTRIA MINHA

A marca FSC® é a garantia de que a madeira utilizada na fabricação do papel deste livro provém de florestas que foram gerenciadas de maneira ambientalmente correta, socialmente justa e economicamente viável, além de outras fontes de origem controlada.

POEMAS, SONETOS E BALADAS
1946

E

PÁTRIA MINHA
1949

VINICIUS DE MORAES

3ª reimpressão

**COLEÇÃO
VINICIUS DE MORAES**
COORDENAÇÃO
EDITORIAL
EUCANAÃ FERRAZ

COMPANHIA DAS LETRAS

Copyright © 2008 by V. M. Cultural

Grafia atualizada segundo o Acordo Ortográfico da Língua Portuguesa de 1990, que entrou em vigor no Brasil em 2009.

Capa e projeto gráfico
warrakloureiro

Ilustrações
Carlos Leão

Fotos de capa
Geometric Art Deco textile design,
France, 1933 (impressão em papel)
by French School (século XX)
© The Design Library, New York, USA/
The Bridgeman Art Library
© Rene Burri/ Magnum Photos
© Elliott Erwitt/ Magnum Photos

Pesquisa
Eucanaã Ferraz
Daniel Vasilenskas Gil
Natalia Cordoniz Klussmann

Preparação
Márcia Copola

Revisão
Mariana Fusco Varella
Isabel Jorge Cury

Atualização ortográfica
Página Viva

Dados Internacionais de Catalogação na Publicação (CIP)
(Câmara Brasileira do Livro, SP, Brasil)

Moraes, Vinicius de, 1913-1980.
Poemas, sonetos e baladas e Pátria minha / Vinicius de
Moraes. — São Paulo : Companhia das Letras, 2008.

ISBN 978-85-359-1261-6

1. Poesia brasileira I. Título

08-04792   CDD-869.91

Índice para catálogo sistemático:
1. Poesia : Literatura brasileira 869.91

[2016]
Todos os direitos desta edição reservados à
EDITORA SCHWARCZ S.A.
Rua Bandeira Paulista 702 cj. 32
04532-002 — São Paulo — SP
Telefone: [11] 3707 3500
Fax: [11] 3707 3501
www.companhiadasletras.com.br
www.blogdacompanhia.com.br
facebook.com/companhidasletras
instagram.com/companhiadasletras
twitter.com/cialetras

SUMÁRIO

POEMAS, SONETOS E BALADAS

Soneto de fidelidade 11
A morte 13
A partida 14
Marinha 16
Os acrobatas 17
Paisagem 21
Balada do Cavalão 22
Canção 26
Quatro sonetos de meditação 27
O riso 33
Pescador 35
Barcarola 41
Lápide de sinhazinha Ferreira 43
Soneto de despedida 45
O apelo 47
Notícia d'*O Século* 48
Soneto da madrugada 49
Sinos de Oxford 50
Trecho 53
Mar 55
Balada da praia do Vidigal 57
Cântico 59
A um passarinho 63
Estrela polar 65
Soneto do maior amor 67
Imitação de Rilke 69
Balada do enterrado vivo 71
Epitáfio 75
Soneto de Londres 77

Allegro 79
Soneto de véspera 81
Balada do Mangue 83
Soneto a Otávio de Faria 87
Rosário 89
O escândalo da rosa 93
Soneto ao inverno 95
Soneto de quarta-feira de cinzas 97
Saudade de Manuel Bandeira 99
Sombra e luz 100
Azul e Branco 106
Balada de Pedro Nava 110
Soneto de Carnaval 116
Balada das meninas de bicicleta 117
Marina 119
Poema de Natal 121
O dia da criação 123
Soneto de separação 131

PÁTRIA MINHA
Pátria minha 137

posfácio
A balada do poeta pródigo,
por José Miguel Wisnik 143

arquivo
Outubro, 29,
por Sérgio Milliet 153

Um poema de Vinicius de Moraes,
por Antonio Candido 159

cronologia 165

créditos das imagens 171

POEMAS, SONETOS E BALADAS

SONETO DE FIDELIDADE

De tudo, ao meu amor serei atento
Antes, e com tal zelo, e sempre, e tanto
Que mesmo em face do maior encanto
Dele se encante mais meu pensamento.

Quero vivê-lo em cada vão momento
E em seu louvor hei de espalhar meu canto
E rir meu riso e derramar meu pranto
Ao seu pesar ou seu contentamento.

E assim, quando mais tarde me procure
Quem sabe a morte, angústia de quem vive
Quem sabe a solidão, fim de quem ama

Eu possa me dizer do amor (que tive):
Que não seja imortal, posto que é chama
Mas que seja infinito enquanto dure.

Estoril, outubro de 1939

A MORTE

A morte vem de longe
Do fundo dos céus
Vem para os meus olhos
Virá para os teus
Desce das estrelas
Das brancas estrelas
As loucas estrelas
Trânsfugas de Deus
Chega impressentida
Nunca inesperada
Ela que é na vida
A grande esperada!
A desesperada
Do amor fratricida
Dos homens, ai! dos homens
Que matam a morte
Por medo da vida.

A PARTIDA

Quero ir-me embora pra estrela
Que vi luzindo no céu
Na várzea do setestrelo.
Sairei de casa à tarde
Na hora crepuscular
Em minha rua deserta
Nem uma janela aberta
Ninguém para me espiar
De vivo verei apenas
Duas mulheres serenas
Me acenando devagar.
Será meu corpo sozinho
Que há de me acompanhar
Que a alma estará vagando
Entre os amigos, num bar.
Ninguém ficará chorando
Que mãe já não terei mais
E a mulher que outrora tinha
Mais que ser minha mulher
É mãe de uma filha minha.
Irei embora sozinho
Sem angústia nem pesar
Antes contente da vida
Que não pedi, tão sofrida
Mas não perdi por ganhar.
Verei a cidade morta
Ir ficando para trás
E em frente se abrirem campos
Em flores e pirilampos
Como a miragem de tantos

Que tremeluzem no alto.
Num ponto qualquer da treva
Um vento me envolverá
Sentirei a voz molhada
Da noite que vem do mar
Chegar-me-ão falas tristes
Como a querer me entristar
Mas não serei mais lembrança
Nada me surpreenderá:
Passarei lúcido e frio
Compreensivo e singular
Como um cadáver num rio
E quando, de algum lugar
Chegar-me o apelo vazio
De uma mulher a chorar
Só então me voltarei
Mas nem adeus lhe darei
No oco raio estelar
Libertado subirei.

MARINHA

Na praia de coisas brancas
Abrem-se às ondas cativas
Conchas brancas, coxas brancas
Águas-vivas.

Aos mergulhares do bando
Afloram perspectivas
Redondas, se aglutinando
Volitivas.

E as ondas de pontas roxas
Vão e vêm, verdes e esquivas
Vagabundas, como frouxas
Entre vivas!

OS ACROBATAS

Subamos!
Subamos acima
Subamos além, subamos
Acima do além, subamos!
Com a posse física dos braços
Inelutavelmente galgaremos
O grande mar de estrelas
Através milênios de luz.

Subamos!
Como dois atletas
O rosto petrificado
No pálido sorriso do esforço
Subamos acima
Com a posse física dos braços
E os músculos desmesurados
Na calma convulsa da ascensão.

Oh, acima
Mais longe que tudo
Além, mais longe que acima do além!
Como dois acrobatas
Subamos, lentíssimos
Lá onde o infinito
De tão infinito
Nem mais nome tem
Subamos!

Tensos
Pela corda luminosa
Que pende invisível
E cujos nós são astros
Queimando nas mãos
Subamos à tona
Do grande mar de estrelas
Onde dorme a noite
Subamos!

Tu e eu, herméticos
As nádegas duras
A carótida nodosa
Na fibra do pescoço
Os pés agudos em ponta.

Como no espasmo.

E quando
Lá, acima
Além, mais longe que acima do além
Adiante do véu de Betelgeuse
Depois do país de Altair
Sobre o cérebro de Deus

Num último impulso
Libertados do espírito
Despojados da carne
Nós nos possuiremos.

E morreremos
Morreremos alto, imensamente
IMENSAMENTE ALTO.

PAISAGEM

Subi a alta colina
Para encontrar a tarde
Entre os rios cativos
A sombra sepultava o silêncio.

Assim entrei no pensamento
Da morte minha amiga
Ao pé da grande montanha
Do outro lado do poente.

Como tudo nesse momento
Me pareceu plácido e sem memória
Foi quando de repente uma menina
De vermelho surgiu no vale correndo, correndo...

BALADA DO CAVALÃO

A tarde morre bem tarde
No morro do Cavalão...
Tem um poder de sossego.
Dentro do meu coração
Quanto sangue derramado!

Balança, rede, balança...

Susana deixou minha alma
Numa grande confusão
Seu berço ficou vazio
No morro do Cavalão:
Pequena estrela da tarde.

Ah, gosto da minha vida
Sangue da minha paixão!

Levou o anjo o outro anjo
Da saudade de seu pai
Susana foi de avião
Com quinze dias de idade
Batendo todos os recordes!

Que tarde que a tarde cai!

Poeta, diz teu anseio
Que o santo te satisfaz:
Queria fazer mais um filho
Queria tanto ser pai!

Voam cardumes de aves
No cristal rosa do ar.
Vontade de ser levado
Pelas correntes do mar
Para um grande mar de sangue!

E a vida passa depressa
No morro do Cavalão
Entre tantas flores, tantas
Flores tontas, parasitas
Parasitas da nação.

Quanta garrafa vazia
Quanto limão pelo chão!

Menina, me diz um verso
Bem cheio de ingratidão?
— Era uma vez um poeta
No morro do Cavalão
Tantas fez que a dor-de-corno
Bateu com ele no chão
Arrastou ele nas pedras
Espremeu seu coração
Que pensa *usted* que saiu?
Saiu cachaça e limão.

Susana nasceu morena
E é Mello Moraes também:
É minha filha pequena
Tão boa de querer bem!

Oh, Saco de São Francisco
Que eu avisto a cavaleiro
Do morro do Cavalão!
(O Saco de São Francisco
Xavier não chama não
Há de ser sempre de Assis:
São Francisco Xavier
É nome de uma estação)
Onde está minha alegria
Meus amores onde estão?

A casa das mil janelas
É a casa do meu irmão
Lá dentro me esperam elas
Que dormem cedo com medo
Da trinca do Cavalão.

Balança, rede, balança…

CANÇÃO

Não leves nunca de mim
A filha que tu me deste
A doce, úmida, tranqüila
Filhinha que tu me deste
Deixe-a, que bem me persiga
Seu balbucio celeste.
Não leves; deixa-a comigo
Que bem me persiga, a fim
De que eu não queira comigo
A primogênita em mim
A fria, seca, encruada
Filha que a morte me deu
Que vive dessedentada
Do leite que não é seu
E que de noite me chama
Com a voz mais triste que há
E pra dizer que me ama
E pra chamar-me de pai.
Não deixes nunca partir
A filha que tu me deste
A fim de que eu não prefira
A outra, que é mais agreste
Mas que não parte de mim.

QUATRO SONETOS DE MEDITAÇÃO

I

Mas o instante passou. A carne nova
Sente a primeira fibra enrijecer
E o seu sonho infinito de morrer
Passa a caber no berço de uma cova.

Outra carne virá. A primavera
É carne, o amor é seiva eterna e forte
Quando o ser que viveu unir-se à morte
No mundo uma criança nascerá.

Importará jamais por quê? Adiante
O poema é translúcido, e distante
A palavra que vem do pensamento

Sem saudade. Não ter contentamento.
Ser simples como o grão de poesia.
E íntimo como a melancolia.

II

Uma mulher me ama. Se eu me fosse
Talvez ela sentisse o desalento
Da árvore jovem que não ouve o vento
Inconstante e fiel, tardio e doce

Na sua tarde em flor. Uma mulher
Me ama como a chama ama o silêncio
E o seu amor vitorioso vence
O desejo da morte que me quer.

Uma mulher me ama. Quando o escuro
Do crepúsculo mórbido e maduro
Me leva a face ao gênio dos espelhos

E eu, moço, busco em vão meus olhos velhos
Vindos de ver a morte em mim divina:
Uma mulher me ama e me ilumina.

III

O efêmero. Ora, um pássaro no vale
Cantou por um momento, outrora, mas
O vale escuta ainda envolto em paz
Para que a voz do pássaro não cale.

E uma fonte futura, hoje primária
No seio da montanha, irromperá
Fatal, da pedra ardente, e levará
À voz a melodia necessária.

O efêmero. E mais tarde, quando antigas
Se fizerem as flores, e as cantigas
A uma nova emoção morrerem, cedo

Quem conhecer o vale e o seu segredo
Nem sequer pensará na fonte, a sós...
Porém o vale há de escutar a voz.

IV

Apavorado acordo, em treva. O luar
É como o espectro do meu sonho em mim
E sem destino, e louco, sou o mar
Patético, sonâmbulo e sem fim.

Desço na noite, envolto em sono; e os braços
Como ímãs, atraio o firmamento
Enquanto os bruxos, velhos e devassos
Assoviam de mim na voz do vento.

Sou o mar! sou o mar! meu corpo informe
Sem dimensão e sem razão me leva
Para o silêncio onde o Silêncio dorme

Enorme. E como o mar dentro da treva
Num constante arremesso largo e aflito
Eu me espedaço em vão contra o infinito.

Oxford, 1938

O RISO

Aquele riso foi o canto célebre
Da primeira estrela, em vão.
Milagre de primavera intacta
No sepulcro de neve
Rosa aberta ao vento, breve
Muito breve...

Não, aquele riso foi o canto célebre
Alta melodia imóvel
Gorjeio de fonte núbil
Apenas brotada, na treva...
Fonte de lábios (hora
Extremamente mágica do silêncio das aves).

Oh, música entre pétalas
Não afugentes meu amor!
Mistério maior é o sono
Se de súbito não se ouve o riso na noite.

PESCADOR

Pescador, onde vais pescar esta noitada:
Nas Pedras Brancas ou na ponte da praia do Barão?
Está tão preto que eu não te vejo, pescador, apenas
Ouço a água ponteando no peito da tua canoa...

Vai em silêncio, pescador, para não chamar as almas
Se ouvires o grito da procelária, volta, pescador!
Se ouvires o sino do farol das Feiticeiras, volta, pescador!
Se ouvires o choro da suicida da usina, volta, pescador!

Traz uma tainha gorda para Maria Mulata
Vai com Deus! daqui a instante a sardinha sobe
Mas toma cuidado com o cação e com o boto nadador
E com o polvo que te enrola feito a palavra, pescador!

Por que vais sozinho, pescador, que fizeste do teu remorso
Não foste tu que navalhaste Juca Diabo na cal da caieira?
Me contaram, pescador, que ele tinha sangue tão grosso
Que foi preciso derramar cachaça na tua mão vermelha,
[pescador.

Pescador, tu és homem, hein, pescador? que é de Palmira?
Ficou dormindo? eu gosto de tua mulher Palmira, pescador!
Ela tem ruga mas é bonita, ela carrega lata d'água
E ninguém sabe por que ela não quer ser portuguesa,
[pescador...

Ouve, eu não peço nada do mundo, eu só queria
[a estrela-d'alva
Porque ela sorri mesmo antes de nascer, na madrugada...
Oh, vai no horizonte, pescador, com tua vela tu vais depressa
E quando ela vier à tona, pesca ela para mim depressa,
[pescador?

Ah, que tua canoa é leve, pescador; na água
Ela até me lembra meu corpo no corpo de Cora Marina
Tão grande era Cora Marina que eu até dormi nela
E ela também dormindo nem me sentia o peso, pescador...

Ah, que tu és poderoso, pescador! caranguejo não te morde
Marisco não te corta o pé, ouriço-do-mar não te pica
Ficas minuto e meio mergulhado em grota de mar adentro
E quando sobes tens peixe na mão esganado, pescador!

É verdade que viste alma na ponta da Amendoeira
E que ela atravessou a praça e entrou nas obras da
[igreja velha?
Ah, que tua vida tem caso, pescador, tem caso
E tu nem dás caso da tua vida, pescador...

Tu vês no escuro, pescador, tu sabes o nome dos ventos?
Por que ficas tanto tempo olhando no céu sem lua?
Quando eu olho no céu fico tonto de tanta estrela
E vejo uma mulher nua que vem caindo na minha vertigem,
[pescador.

Tu já viste mulher nua, pescador: um dia eu vi Negra nua
Negra dormindo na rede, dourada como a soalheira
Tinha duas roxuras nos peitos e um vasto negrume no sexo
E a boca molhada e uma perna calçada de meia, pescador...

Não achas que a mulher parece com a água, pescador?
Que os peitos dela parecem ondas sem espuma?
Que o ventre parece a areia mole do fundo?
Que o sexo parece a concha marinha entreaberta, pescador?

Esquece a minha voz, pescador, que eu nunca fui inocente!
Teu remo fende a água redonda com um tremor de carícia
Ah, pescador, que as vagas são peitos de mulheres boiando
[à tona
Vai devagar, pescador, a água te dá carinhos indizíveis,
[pescador!

És tu que acendes teu cigarro de palha no isqueiro de corda
Ou é a luz da bóia boiando na entrada do recife, pescador?
Meu desejo era apenas ser segundo no leme da tua canoa
Trazer peixe fresco e manga-rosa da Ilha Verde, pescador!

Ah, pescador, que milagre maior que a tua pescaria!
Quando lanças tua rede lanças teu coração com ela, pescador!
Teu anzol é brinco irresistível para o peixinho
Teu arpão é mastro firme no casco do pescado, pescador!

Toma castanha de caju torrada, toma aguardente de cana
Que sonho de matar peixe te rouba assim a fome, pescador?
Toma farinha torrada para a tua sardinha, toma, pescador
Senão ficas fraco do peito que nem teu pai Zé Pescada,
[pescador...

Se estás triste eu vou buscar Joaquim, o poeta português
Que te diz o verso da mãe que morreu três vezes por causa
[do filho na guerra
Na terceira vez ele sempre chora, pescador, é engraçado
E arranca os cabelos e senta na areia e espreme a bicheira
[do pé.

Não fiques triste, pescador, que mágoa não pega peixe.
Deixa a mágoa para o Sandoval que é soldado e brigou com
[a noiva
Que pegou brasa do fogo só para esquecer a dor da ingrata
E tatuou o peito com a cobra do nome dela, pescador.

Tua mulher Palmira é santa, a voz dela parece reza
O olhar dela é mais grave que a hora depois da tarde
Um dia, cansada de trabalhar, ela vai se estirar na enxerga
Vai cruzar as mãos no peito, vai chamar a morte e descansar...

Deus te leve, Deus te leve perdido por essa vida...
Ah, pescador, tu pescas a morte, pescador
Mas toma cuidado que de tanto pescares a morte
Um dia a morte também te pesca, pescador!

Tens um branco de luz nos teus cabelos, pescador:
É a aurora? oh, leva-me na aurora, pescador!
Quero banhar meu coração na aurora, pescador!
Meu coração negro de noite sem aurora, pescador!

Não vás ainda, escuta! eu te dou o bentinho de São Cristóvão
Eu te dou o escapulário da Ajuda, eu te dou ripa da
[barca santa
Quando Vênus sair das sombras não quero ficar sozinho
Não quero ficar cego, não quero morrer apaixonado, pescador!

Ouve o canto misterioso das águas no firmamento...
É a alvorada, pescador, a inefável alvorada
A noite se desincorpora, pescador, em sombra
E a sombra em névoa e madrugada, pescador!

Vai, vai, pescador, filho do vento, irmão da aurora
És tão belo que nem sei se existes, pescador!
Teu rosto tem rugas para o mar onde deságua
O pranto com que matas a sede de amor do mar!

Apenas te vejo na treva que se desfaz em brisa
Vais seguindo serenamente pelas águas, pescador
Levas na mão a bandeira branca da vela enfunada
E chicoteias com o anzol a face invisível do céu.

BARCAROLA

Parti-me, trágico, ao meio
De mim mesmo, na paixão.
A amiga mostrou-me o seio
Como uma consolação.

Dormi-lhe no peito frio
De um sono sem sonhos, mas
A carne, no desvario
Da manhã, roubou-me a paz.

Fugi, temeroso, ao gesto
Do seu receio modesto
E cálido; enfim, depois

Pensando a vida adiante
Vi o remorso distante
Desse crime de nós dois.

LÁPIDE DE SINHAZINHA FERREIRA

A vida sossega
Lírios em repouso
Adormecestes cega
Na visão do esposo.

A paixão é pouso
Que a treva não nega
A morte carrega
E o sono dá gozo.

Não vos vejo em paz
Nem vos penso bem
Na minha saudade.

Sinto que vagais
Ao lado de alguém
Pela eternidade.

SONETO DE DESPEDIDA

Uma lua no céu apareceu
Cheia e branca; foi quando, emocionada
A mulher a meu lado estremeceu
E se entregou sem que eu dissesse nada.

Larguei-as pela jovem madrugada
Ambas cheias e brancas e sem véu
Perdida uma, a outra abandonada
Uma nua na terra, outra no céu.

Mas não partira delas; a mais louca
Apaixonou-me o pensamento; dei-o
Feliz — eu de amor pouco e vida pouca

Mas que tinha deixado em meu enleio
Um sorriso de carne em sua boca
Uma gota de leite no seu seio.

Rio, 1940

O APELO

Que te vale, minha alma, essa paisagem fria
Essa terra onde parecem repousar virgens distantes?
Que te importa essa calma, essa tarde caindo sem vozes
Esse ar onde as nuvens se esquecem como adeuses?
Que te diz o adormecimento dessa montanha extática
Onde há caminhos tão tristes que ninguém anda neles
E onde o pipilo de um pássaro que passa de repente
Parece suspender uma lágrima que nunca se derrama?
Para que te debruças inutilmente sobre esse ermo
E buscas um grito de agonia que nunca te chegará a tempo
Que são longos, minha alma, os espaços perdidos...
Ah, chegar! chegar depois de tanta ausência
E despontar como um santo dentro das ruas escuras
Bêbado dos seios da amada cheios de espuma!

NOTÍCIA D'*O SÉCULO*

Nas terras do Geraz
Que compreendem três populosas freguesias
O povo ainda se mostra sucumbido
Com o bárbaro crime do lavrador Manuel da Névoa
E é curioso notar que ao toque das rezas
Os habitantes correm aos campos, matas e veigas
Gritando pelo assassino, para que apareça
Que não se esconda, pois se torna necessário fazer justiça.
Trata-se de um velho costume
Com o fim de exacerbar o remorso
Dos criminosos que andem a monte fugindo ao castigo
Nas terras do Geraz.

SONETO DA MADRUGADA

Pensar que já vivi à sombra escura
Desse ideal de dor, triste ideal
Que acima das paixões do bem e do mal
Colocava a paixão da criatura!

Pensar que essa paixão, flor de amargura
Foi uma desventura sem igual
Uma incapacidade de ternura
Nunca simples e nunca natural!

Pensar que a vida se houve de tal sorte
Com tal zelo e tão íntimo sentido
Que em mim a vida renasceu da morte!

Hoje me libertei, povo oprimido
E por ti viverei meu ódio forte
Nesse misterioso amor perdido.

SINOS DE OXFORD

Cantai, sinos, sinos
Cantai pelo ar
Que tão puros, nunca
Mais ireis cantar
Cantai leves, leves
E logo vibrantes
Cantai aos amantes
E aos que vão amar.

Levai vossos cantos
Às ondas do mar
E saudai as aves
Que vêm de arribar
Em bandos, em bandos
Sozinhas, do além
Oh, aves! ó sinos
Arribai também!

Sinos! dóceis, doces
Almas de sineiros
Brancos peregrinos
Do céu, companheiros
Indeléveis! rindo
Rindo sobre as águas
Do rio fugindo...
Consolai-me as mágoas!

Consolai-me as mágoas
Que não passam mais
Minhas pobres mágoas
De quem não tem paz.
Ter paz... tenho tudo
De bom e de bem...
Respondei-me, sinos:
A morte já vem?

TRECHO

Quem foi, perguntou o Celo
Que me desobedeceu?
Quem foi que entrou no meu reino
E em meu ouro remexeu?
Quem foi que pulou meu muro
E minhas rosas colheu?
Quem foi, perguntou o Celo
E a Flauta falou: Fui eu.

Mas quem foi, a Flauta disse
Que no meu quarto surgiu?
Quem foi que me deu um beijo
E em minha cama dormiu?
Quem foi que me fez perdida
E que me desiludiu?
Quem foi, perguntou a Flauta
E o velho Celo sorriu.

MAR

Na melancolia de teus olhos
Eu sinto a noite se inclinar
E ouço as cantigas antigas
    Do mar.

Nos frios espaços de teus braços
Eu me perco em carícias de água
E durmo escutando em vão
    O silêncio.

E anseio em teu misterioso seio
Na atonia das ondas redondas
Náufrago entregue ao fluxo forte
    Da morte.

BALADA DA PRAIA DO VIDIGAL

A lua foi companheira
Na praia do Vidigal
Não surgiu, mas mesmo oculta
Nos recordou seu luar
Teu ventre de maré cheia
Vinha em ondas me puxar
Eram-me os dedos de areia
Eram-te os lábios de sal.

Na sombra que ali se inclina
Do rochedo em miramar
Eu soube te amar, menina
Na praia do Vidigal...
Havia tanto silêncio
Que para o desencantar
Nem meus clamores de vento
Nem teus soluços de água.
Minhas mãos te confundiam
Com a fria areia molhada
Vencendo as mãos dos alísios
Nas ondas da tua saia.
Meus olhos baços de brumas
Junto aos teus olhos de alga
Viam-te envolta de espumas
Como a menina afogada.
E que doçura entregar-me
Àquela mole de peixes
Cegando-te o olhar vazio
Com meu cardume de beijos!
Muito lutamos, menina

Naquele pego selvagem
Entre areias assassinas
Junto ao rochedo da margem.
Três vezes submergiste
Três vezes voltaste à flor
E te afogaras não fossem
As redes do meu amor.
Quando voltamos, a noite
Parecia em tua face
Tinhas vento em teus cabelos
Gotas d'água em tua carne.
No verde lençol da areia
Um marco ficou cavado
Moldando a forma de um corpo
No meio da cruz de uns braços.
Talvez que o marco, criança
Já o tenha lavado o mar
Mas nunca leva a lembrança
Daquela noite de amores
Na praia do Vidigal.

CÂNTICO

Não, tu não és um sonho, és a existência
Tens carne, tens fadiga e tens pudor
No calmo peito teu. Tu és a estrela
Sem nome, és a morada, és a cantiga
Do amor, és luz, és lírio, namorada!
Tu és todo o esplendor, o último claustro
Da elegia sem fim, anjo! mendiga
Do triste verso meu. Ah, fosses nunca
Minha, fosses a idéia, o sentimento
Em mim, fosses a aurora, o céu da aurora
Ausente, amiga, eu não te perderia!
Amada! onde te deixas, onde vagas
Entre as vagas flores? e por que dormes
Entre os vagos rumores do mar? Tu
Primeira, última, trágica, esquecida
De mim! És linda, és alta! és sorridente
És como o verde do trigal maduro
Teus olhos têm a cor do firmamento
Céu castanho da tarde — são teus olhos!
Teu passo arrasta a doce poesia
Do amor! prende o poema em forma e cor
No espaço; para o astro do poente
És o levante, és o Sol! eu sou o gira
O gira, o girassol. És a soberba
Também, a jovem rosa purpurina
És rápida também, como a andorinha!
Doçura! lisa e murmurante… a água
Que corre no chão morno da montanha
És tu; tens muitas emoções; o pássaro
Do trópico inventou teu meigo nome

Duas vezes, de súbito encantado!
Dona do meu amor! sede constante
Do meu corpo de homem! melodia
Da minha poesia extraordinária!
Por que me arrastas? Por que me fascinas?
Por que me ensinas a morrer? teu sonho
Me leva o verso à sombra e à claridade.
Sou teu irmão, és minha irmã; padeço
De ti, sou teu cantor humilde e terno
Teu silêncio, teu trêmulo sossego
Triste, onde se arrastam nostalgias
Melancólicas, ah, tão melancólicas...

Amiga, entra de súbito, pergunta
Por mim, se eu continuo a amar-te; ri
Esse riso que é tosse de ternura
Carrega-me em teu seio, louca! sinto
A infância em teu amor! cresçamos juntos
Como se fora agora, e sempre; demos
Nomes graves às coisas impossíveis
Recriemos a mágica do sonho
Lânguida! ah, que o destino nada pode
Contra esse teu langor; és o penúltimo
Lirismo! encosta a tua face fresca
Sobre o meu peito nu, ouves? é cedo
Quanto mais tarde for, mais cedo! a calma
É o último suspiro da poesia
O mar é nosso, a rosa tem seu nome
E recende mais pura ao seu chamado.
Julieta! Carlota! Beatriz!

Oh, deixa-me brincar, que te amo tanto
Que se não brinco, choro, e desse pranto
Desse pranto sem dor, que é o único amigo
Das horas más em que não estás comigo.

A UM PASSARINHO

Para que vieste
Na minha janela
Meter o nariz?
Se foi por um verso
Não sou mais poeta
Ando tão feliz!
Se é para uma prosa
Não sou Anchieta
Nem venho de Assis.

Deixa-te de histórias
Some-te daqui!

ESTRELA POLAR

Eu vi a estrela polar
Chorando em cima do mar
Eu vi a estrela polar
Nas costas de Portugal!

Desde então não seja Vênus
A mais pura das estrelas
A estrela polar não brilha
Se humilha no firmamento
Parece uma criancinha
Enjeitada pelo frio
Estrelinha franciscana
Teresinha, mariana
Perdida no pólo Norte
De toda a tristeza humana.

SONETO DO MAIOR AMOR

Maior amor nem mais estranho existe
Que o meu, que não sossega a coisa amada
E quando a sente alegre, fica triste
E se a vê descontente, dá risada.

E que só fica em paz se lhe resiste
O amado coração, e que se agrada
Mais da eterna aventura em que persiste
Que de uma vida mal-aventurada.

Louco amor meu, que quando toca, fere
E quando fere vibra, mas prefere
Ferir a fenecer — e vive a esmo

Fiel à sua lei de cada instante
Desassombrado, doido, delirante
Numa paixão de tudo e de si mesmo.

Oxford, 1938

IMITAÇÃO DE RILKE

Alguém que me espia do fundo da noite
Com olhos imóveis brilhando na noite
Me quer.

Alguém que me espia do fundo da noite
(Mulher que me ama, perdida na noite?)
Me chama.

Alguém que me espia do fundo da noite
(És tu, Poesia, velando na noite?)
Me quer.

Alguém que me espia do fundo da noite
(Também chega a Morte dos ermos da noite...)
Quem é?

BALADA DO ENTERRADO VIVO

Na mais medonha das trevas
Acabei de despertar
Soterrado sob um túmulo.
De nada chego a lembrar
Sinto meu corpo pesar
Como se fosse de chumbo.
Não posso me levantar
Debalde tentei clamar
Aos habitantes do mundo.
Tenho um minuto de vida
Em breve estará perdida
Quando eu quiser respirar.

Meu caixão me prende os braços.
Enorme, a tampa fechada
Roça-me quase a cabeça.
Se ao menos a escuridão
Não estivesse tão espessa!
Se eu conseguisse fincar
Os joelhos nessa tampa
E os sete palmos de terra
Do fundo à campa rasgar!
Se um som eu chegasse a ouvir
No oco deste caixão
Que não fosse esse soturno
Bater do meu coração!
Se eu conseguisse esticar
Os braços num repelão
Inda rasgassem-me a carne
Os ossos que restarão!

Se eu pudesse me virar
As omoplatas romper
Na fúria de uma evasão
Ou se eu pudesse sorrir
Ou de ódio me estrangular
E de outra morte morrer!

Mas só me resta esperar
Suster a respiração
Sentindo o sangue subir-me
Como a lava de um vulcão
Enquanto a terra me esmaga
O caixão me oprime os membros
A gravata me asfixia
E um lenço me cerra os dentes!
Não há como me mover
E este lenço desatar
Não há como desmanchar
O laço que os pés me prende!

Bate, bate, mão aflita
No fundo deste caixão
Marca a angústia dos segundos
Que sem ar se extinguirão!
Lutai, pés espavoridos
Presos num nó de cordão
Que acima, os homens passando
Não ouvem vossa aflição!
Raspa, cara enlouquecida
Contra a lenha da prisão

Pesando sobre teus olhos
Há sete palmos de chão!
Corre, mente desvairada
Sem consolo e sem perdão
Que nem a prece te ocorre
À louca imaginação!
Busca o ar que se te finda
Na caverna do pulmão
O pouco que tens ainda
Te há de erguer na convulsão
Que romperá teu sepulcro
E os sete palmos de chão:
Não te restassem por cima
Setecentos de amplidão!

EPITÁFIO

Aqui jaz o Sol
Que criou a aurora
E deu a luz ao dia
E apascentou a tarde

O mágico pastor
De mãos luminosas
Que fecundou as rosas
E as despetalou.

Aqui jaz o Sol
O andrógino meigo
E violento, que

Possuiu a forma
De todas as mulheres
E morreu no mar.

Oxford, 1939

SONETO DE LONDRES

Que angústia estar sozinho na tristeza
E na prece! que angústia estar sozinho
Imensamente, na inocência! acesa
A noite, em brancas trevas o caminho

Da vida, e a solidão do burburinho
Unindo as almas frias à beleza
Da neve vã; oh, tristemente assim
O sonho, neve pela natureza!

Irremediável, muito irremediável
Tanto como essa torre medieval
Cruel, pura, insensível, inefável

Torre; que angústia estar sozinho! ó alma
Que ideal perfume, que fatal
Torpor te despetala a flor do céu?

Londres, 1939

ALLEGRO

Sente como vibra
Doidamente em nós
Um vento feroz
Estorcendo a fibra

Dos caules informes
E as plantas carnívoras
De bocas enormes
Lutam contra as víboras

E os rios soturnos
Ouve como vazam
A água corrompida

E as sombras se casam
Nos raios noturnos
Da lua perdida.

Oxford, 1939

SONETO DE VÉSPERA

Quando chegares e eu te vir chorando
De tanto te esperar, que te direi?
E da angústia de amar-te, te esperando
Reencontrada, como te amarei?

Que beijo teu de lágrimas terei
Para esquecer o que vivi lembrando
E que farei da antiga mágoa quando
Não puder te dizer por que chorei?

Como ocultar a sombra em mim suspensa
Pelo martírio da memória imensa
Que a distância criou — fria de vida

Imagem tua que eu compus serena
Atenta ao meu apelo e à minha pena
E que quisera nunca mais perdida…

Oxford, 1939

BALADA DO MANGUE

Pobres flores gonocócicas
Que à noite despetalais
As vossas pétalas tóxicas!
Pobre de vós, pensas, murchas
Orquídeas do despudor
Não sois *Lælia* tenebrosa
Nem sois Vanda tricolor:
Sois frágeis, desmilingüidas
Dálias cortadas ao pé
Corolas descoloridas
Enclausuradas sem fé.
Ah, jovens putas das tardes
O que vos aconteceu
Para assim envenenardes
O pólen que Deus vos deu?
No entanto crispais sorrisos
Em vossas jaulas acesas
Mostrando o rubro das presas
Falando coisas do amor
E às vezes cantais uivando
Como cadelas à lua
Que em vossa rua sem nome
Rola perdida no céu...
Mas que brilho mau de estrela
Em vossos olhos lilases
Percebo quando, falazes,
Fazeis rapazes entrar!
Sinto então nos vossos sexos
Formarem-se imediatos
Os venenos putrefatos

Com que os envenenar
Ó misericordiosas!
Glabras, glúteas caftinas
Embebidas em jasmim
Jogando cantos felizes
Em perspectivas sem fim
Cantais, maternais hienas
Canções de caftinizar
Gordas polacas serenas
Sempre prestes a chorar.
Como sofreis, que silêncio
Não deve gritar em vós
Esse imenso, atroz silêncio
Dos santos e dos heróis!
E o contraponto de vozes
Com que ampliais o mistério
Como é semelhante às luzes
Votivas de um cemitério
Esculpido de memórias!
Pobres, trágicas mulheres
Multidimensionais
Ponto morto de choferes
Passadiço de navais!
Louras mulatas francesas
Vestidas de Carnaval:
Viveis a festa das flores
Pelo convés dessas ruas
Ancoradas no canal?
Para onde irão vossos cantos
Para onde irá vossa nau?

Por que vos deixais imóveis
Alérgicas sensitivas
Nos jardins desse hospital
Etílico e heliotrópico?
Por que não vos trucidais
Ó inimigas? ou bem
Não ateais fogo às vestes
E vos lançais como tochas
Contra esses homens de nada
Nessa terra-de-ninguém!

SONETO A OTÁVIO DE FARIA

Não te vira cantar sem voz, chorar
Sem lágrimas, e lágrimas e estrelas
Desencantar, e mudo recolhê-las
Para lançá-las fulgurando ao mar?

Não te vira no bojo secular
Das praias, desmaiar de êxtase nelas
Ao cansaço viril de percorrê-las
Entre os negros abismos do luar?

Não te vira ferir o indiferente
Para lavar os olhos da impostura
De uma vida que cala e que consente?

Vira-te tudo, amigo! coisa pura
Arrancada da carne intransigente
Pelo trágico amor da criatura.

Oxford, 1939

ROSÁRIO

E eu que era um menino puro
Não fui perder minha infância
No mangue daquela carne!
Dizia que era morena
Sabendo que era mulata
Dizia que era donzela
Nem isso não era ela
Era uma moça que dava.
Deixava… mesmo no mar
Onde se fazia em água
Onde de um peixe que era
Em mil se multiplicava
Onde suas mãos de alga
Sobre meu corpo boiavam
Trazendo à tona águas-vivas
Onde antes não tinha nada.
Quanto meus olhos não viram
No céu da areia da praia
Duas estrelas escuras
Brilhando entre aquelas duas
Nebulosas desmanchadas
E não beberam meus beijos
Aqueles olhos noturnos
Luzindo de luz parada
Na imensa noite da ilha!
Era minha namorada
Primeiro nome de amada
Primeiro chamar de filha…
Grande filha de uma vaca!
Como não me seduzia

Como não me alucinava
Como deixava, fingindo
Fingindo que não deixava!
Aquela noite entre todas
Que cica os cajus! travavam!
Como era quieto o sossego
Cheirando a jasmim-do-cabo!
Lembro que nem se mexia
O luar esverdeado
Lembro que longe, nos longes
Um gramofone tocava
Lembro dos seus anos vinte
Junto aos meus quinze deitados
Sob a luz verde da lua!
Ergueu a saia de um gesto
Por sobre a perna dobrada
Mordendo a carne da mão
Me olhando sem dizer nada
Enquanto jazente eu via
Como uma anêmona na água
A coisa que se movia
Ao vento que a farfalhava.
Toquei-lhe a dura pevide
Entre o pêlo que a guardava
Beijando-lhe a coxa fria
Com gosto de cana brava.
Senti à pressão do dedo
Desfazer-se desmanchada
Como um dedal de segredo
A pequenina castanha

Gulosa de ser tocada.
Era uma dança morena
Era uma dança mulata
Era o cheiro de amarugem
Era a lua cor de prata
Mas foi só naquela noite!
Passava dando risada
Carregando os peitos loucos
Quem sabe pra quem, quem sabe?
Mas como me seduzia
A negra visão escrava
Daquele feixe de águas
Que sabia ela guardava
No fundo das coxas frias!
Mas como me desbragava
Na areia mole e macia!
A areia me recebia
E eu baixinho me entregava
Com medo que Deus ouvisse
Os gemidos que não dava!
Os gemidos que não dava...
Por amor do que ela dava
Aos outros de mais idade
Que a carregaram da ilha
Para as ruas da cidade
Meu grande sonho da infância
Angústia da mocidade.

O ESCÂNDALO DA ROSA

Oh rosa que raivosa
Assim carmesim
Quem te fez zelosa
O carme tão ruim?

Que anjo ou que pássaro
Roubou tua cor
Que ventos passaram
Sobre o teu pudor

Coisa milagrosa
De rosa de mate
De bom para mim

Rosa glamourosa?
Oh rosa que escarlate:
No mesmo jardim!

SONETO AO INVERNO

Inverno, doce inverno das manhãs
Translúcidas, tardias e distantes
Propício ao sentimento das irmãs
E ao mistério da carne das amantes:

Quem és, que transfiguras as maçãs
Em iluminações dessemelhantes
E enlouqueces as rosas temporãs
Rosa-dos-ventos, rosa dos instantes?

Por que ruflaste as tremulantes asas
Alma do céu? o amor das coisas várias
Fez-te migrar — inverno sobre casas!

Anjo tutelar das luminárias
Preservador de santas e de estrelas...
Que importa a noite lúgubre escondê-las?

Londres, 1939

SONETO DE QUARTA-FEIRA DE CINZAS

Por seres quem me foste, grave e pura
Em tão doce surpresa conquistada
Por seres uma branca criatura
De uma brancura de manhã raiada

Por seres de uma rara formosura
Malgrado a vida dura e atormentada
Por seres mais que a simples aventura
E menos que a constante namorada

Porque te vi nascer de mim sozinha
Como a noturna flor desabrochada
A uma fala de amor, talvez perjura

Por não te possuir, tendo-te minha
Por só quereres tudo, e eu dar-te nada
Hei de lembrar-te sempre com ternura.

Rio, 1941

SAUDADE DE MANUEL BANDEIRA

Não foste apenas um segredo
De poesia e de emoção
Foste uma estrela em meu degredo
Poeta, pai! áspero irmão.

Não me abraçaste só no peito
Puseste a mão na minha mão
Eu, pequenino — tu, eleito
Poeta! pai, áspero irmão.

Lúcido, alto e ascético amigo
De triste e claro coração
Que sonhas tanto a sós contigo
Poeta, pai, áspero irmão?

SOMBRA E LUZ

I

Dança Deus!
Sacudindo o mundo
Desfigurando estrelas
Afogando o mundo
Na cinza dos céus
Sapateia, Deus
Negro na noite
Semeando brasas
No túmulo de Orfeu.

Dança, Deus! dança
Dança de horror
Que a faca que corta
Dá talho sem dor.
A Dama Negra
A rainha Euterpe
A torre de Magdalen
E o rio Jordão
Quebraram muros
Beberam absinto
Vomitaram bile
No meu coração.

E um gato e um soneto
No túmulo preto
E uma espada nua
No meio da rua
E um bezerro de ouro
Na boca do lobo
E um bruto alifante
No baile da Corte
Naquele cantinho
Cocô de ratinho
Naquele cantão
Cocô de ratão.

Violino moço fino
— Quem se rir há de apanhar.

Violão moço vadio
— Não sei quem apanhará.

II

Munevada glimou vestassudente.

Desfazendo-se em lágrimas azuis
Em mistérios nascia a madrugada
E o vampiro Nosferatu
Descia o rio
Fazendo poemas
Dizendo blasfêmias
Soltando morcegos
Bebendo hidromel
E se desencantava, minha mãe!

Ficava a rua
Ficava a praia
No fim da praia
Ficava Maria
No meio de Maria
Ficava uma rosa
Cobrindo a rosa
Uma bandeira
Com duas tíbias
E uma caveira.

Mas não era o que queria
Que era mesmo o que eu queria?
"Eu queria uma casinha
Com varanda para o mar
Onde brincasse a andorinha
E onde chegasse o luar
Com vinhas nessa varanda
E vacas na vacaria
Com vinho verde e vianda
Que nem Carlito queria."

Nunca mais, nunca mais!
As luzes já se apagavam
Os mortos mortos de frio
Se enrolavam nos sudários
Fechavam a tampa da cova
Batendo cinco pancadas.

Que fazer senão morrer?

III

Pela estrada plana, toc-toc-toc
As lágrimas corriam.
As primeiras mulheres
Saíam toc-toc na manhã
O mundo despertava! em cada porta
Uma esposa batia toc-toc
E os homens caminhavam na manhã.
Logo se acenderão as forjas
Fumarão as chaminés
Se caldeará o aço da carne
Em breve os ferreiros toc-toc
Martelarão o próprio sexo
E os santos marceneiros roc-roc
Mandarão berços para Belém.
Ouve a cantiga dos navios
Convergindo dos temporais para os portos
Ouve o mar
Rugindo em cóleras de espuma
Have mercy on me O Lord
Send me Isaias
I need a poet
To sing me ashore.

Minha luz ficou aberta
Minha cama ficou feita
Minha alma ficou deserta
Minha carne insatisfeita.

AZUL E BRANCO

Concha e cavalo-marinho
Mote de Pedro Nava

Poema em louvor do edifício
do Ministério da Educação

I

Massas geométricas
Em pautas de música
Plástica e silêncio
Do espaço criado.

Concha e cavalo-marinho.

O mar vos deu em corola
O céu vos imantou
Mas a luz refez o equilíbrio.

Concha e cavalo-marinho.

Vênus anadiômena
Multípede e alada
Os seios azuis
Dando leite à tarde
Viu-vos Eupalinos
No espelho convexo
Da gota que o orvalho
Escorreu da noite
Nos lábios da aurora.

Concha e cavalo-marinho.

Pálpebras cerradas
Ao poder violeta
Sombras projetadas
Em mansuetude
Sublime colóquio
Da forma com a eternidade.

Concha e cavalo-marinho.

II

Na verde espessura
Do fundo do mar
Nasce a arquitetura.

Da cal das conchas
Do sumo das algas
Da vida dos polvos
Sobre tentáculos
Do amor dos pólipos
Que estratifica abóbadas
Da ávida mucosa
Das rubras anêmonas
Que argamassa peixes
Da salgada célula
De estranha substância
Que dá peso ao mar.

Concha e cavalo-marinho.

Concha e cavalo-marinho:
Os ágeis sinuosos
Que o raio de luz
Cortando transforma
Em claves de sol
E o amor do infinito
Retifica em hastes
Antenas paralelas
Propícias à eterna
Incursão da música.

Concha e cavalo-marinho

III

Azul… Azul…

Azul e Branco
Azul e Branco
Azul e Branco
Azul e Branco
Azul e Branco
Azul e Branco
Azul e Branco
Azul e Branco
Azul e Branco
Azul e Branco
Azul e Branco
Azul e Branco
Azul e Branco
Azul e Branco

Concha…
     e cavalo-marinho.

BALADA DE PEDRO NAVA

(O ANJO E O TÚMULO)

I

Meu amigo Pedro Nava
Em que navio embarcou:
A bordo do Westphalia
Ou a bordo do Lidador?

Em que antárticas espumas
Navega o navegador
Em que brahmas, em que brumas
Pedro Nava se afogou?

Juro que estava comigo
Há coisa de não faz muito
Enchendo bem a caveira
Ao seu eterno defunto.

Ou não era Pedro Nava
Quem me falava aqui junto
Não era o Nava de fato
Nem era o Nava defunto?...

Se o tivesse aqui comigo
Tudo se solucionava
Diria ao garçom: Escanção!
Uma *pedra* a Pedro Nava!

Uma pedra a Pedro Nava
Nessa pedra uma inscrição:
"— *deste que muito te amava*
teu amigo, teu irmão..."

Mas oh, não! que ele não morra
Sem escutar meu segredo
Estou nas garras da Cachorra
Vou ficar louco de medo

Preciso muito falar-lhe
Antes que chegue amanhã:
Pedro Nava, meu amigo
DESCEU O LEVIATÃ!

II

A moça dizia à lua
Minha carne é cor-de-rosa
Não é verde como a tua
Eu sou jovem e formosa.
Minhas maminhas — a moça
À lua mostrava as suas —
Têm a brancura da louça
Não são negras como as tuas.
E ela falava: Meu ventre
É puro — e o deitava à lua
A lua que o sangra dentro
Quem haverá que a possua?
Meu sexo — a moça jogada
Entreabria-se nua —
É o sangue da madrugada
Na triste noite sem lua.
Minha pele é viva e quente
Lança o teu raio mais frio
Sobre o meu corpo inocente…
Sente o teu como é vazio.

III

A sombra decapitada
Caiu fria sobre o mar…
Quem foi a voz que chamou?
Quem foi a voz que chamou?

— Foi o cadáver do anjo
Que morto não se enterrou.

Nas vagas boiavam virgens
Desfiguradas de horror…
O homem pálido gritava:
Quem foi a voz que chamou?

— Foi o extático Adriático
Chorando o seu paramor.

De repente, no céu ermo
A lua se consumou…
O mar deu túmulo à lua.
Quem foi a voz que chamou?

— Foi a cabeça cortada
Na praia do Arpoador.

O mar rugia tão forte
Que o homem se debruçou
Numa vertigem de morte:
Quem foi a voz que chamou?

— Foi a eterna alma penada
Daquele que não amou.

No abismo escuro das fragas
Descia o disco brilhante
Sumindo por entre as águas…
Oh lua em busca do amante!

E o sopro da ventania
Vinha e desaparecia.

Negro cárcere da morte
Branco cárcere da dor
Luz e sombra da alvorada…
A voz amada chamou!

E um grande túmulo veio
Se desvendando no mar
Boiava ao sabor das ondas
Que o não queriam tragar.

Tinha uma laje e uma lápide
Com o nome de uma mulher
Mas de quem era esse nome
Nunca o pudesse dizer.

SONETO DE CARNAVAL

Distante o meu amor, se me afigura
O amor como um patético tormento
Pensar nele é morrer de desventura
Não pensar é matar meu pensamento.

Seu mais doce desejo se amargura
Todo o instante perdido é um sofrimento
Cada beijo lembrado uma tortura
Um ciúme do próprio ciumento.

E vivemos partindo, ela de mim
E eu dela, enquanto breves vão-se os anos
Para a grande partida que há no fim

De toda a vida e todo o amor humanos:
Mas tranqüila ela sabe, e eu sei tranqüilo
Que se um fica o outro parte a redimi-lo.

Oxford, Carnaval de 1939

BALADA DAS MENINAS DE BICICLETA

Meninas de bicicleta
Que fagueiras pedalais
Quero ser vosso poeta!
Ó transitórias estátuas
Esfuziantes de azul
Louras com peles mulatas
Princesas da zona sul:
As vossas jovens figuras
Retesadas nos selins
Me prendem, com serem puras
Em redondilhas afins.
Que lindas são vossas quilhas
Quando as praias abordais!
E as nervosas panturrilhas
Na rotação dos pedais:
Que douradas maravilhas!
Bicicletai, meninada
Aos ventos do Arpoador
Solta a flâmula agitada
Das cabeleiras em flor
Uma correndo à gandaia
Outra com jeito de séria
Mostrando as pernas sem saia
Feitas da mesma matéria.
Permanecei! vós que sois
O que o mundo não tem mais
Juventude de maiôs
Sobre máquinas da paz
Enxames de namoradas
Ao sol de Copacabana

Centauresas transpiradas
Que o leque do mar abana!
A vós o canto que inflama
Os meus trint'anos, meninas
Velozes massas em chama
Explodindo em vitaminas.
Bem haja a vossa saúde
À humanidade inquieta
Vós cuja ardente virtude
Preservais muito amiúde
Com um selim de bicicleta
Vós que levais tantas raças
Nos corpos firmes e crus:
Meninas, soltai as alças
Bicicletai seios nus!
No vosso rastro persiste
O mesmo eterno poeta
Um poeta — essa coisa triste
Escravizada à beleza
Que em vosso rastro persiste,
Levando a sua tristeza
No quadro da bicicleta.

MARINA

Lembras-te das pescarias
Nas pedras das Três-Marias
      Lembras-te, Marina?

Na navalha dos mariscos
Teus pés corriam ariscos
      Valente menina!

Crescia na beira-luz
O papo dos baiacus
      Que pescávamos

E nas vagas matutinas
Chupávamos tangerinas
      E vagávamos...

Tinhas uns peitinhos duros
E teus beicinhos escuros
      Flauteavam valsas

Valsas ilhoas! vadio
Eu procurava, no frio
      De tuas calças

E te adorava; sentia
Teu cheiro a peixe, bebia
      Teu bafo de sal

E quantas vezes, precoce
Em vão, pela tua posse
         Não me saí mal...

Deixavas-me dessa luta
Uma adstringência de fruta
         De suor, de alga

Mas sempre te libertavas
Com doidas dentadas bravas
         Menina fidalga!

Foste minha companheira
Foste minha derradeira
         Única aventura?

Que nas outras criaturas
Não vi mais meninas puras
         Menina pura.

POEMA DE NATAL

Para isso fomos feitos:
Para lembrar e ser lembrados
Para chorar e fazer chorar
Para enterrar os nossos mortos —
Por isso temos braços longos para os adeuses
Mãos para colher o que foi dado
Dedos para cavar a terra.

Assim será a nossa vida:
Uma tarde sempre a esquecer
Uma estrela a se apagar na treva
Um caminho entre dois túmulos —
Por isso precisamos velar
Falar baixo, pisar leve, ver
A noite dormir em silêncio.

Não há muito que dizer:
Uma canção sobre um berço
Um verso, talvez, de amor
Uma prece por quem se vai —
Mas que essa hora não esqueça
E por ela os nossos corações
Se deixem, graves e simples.

Pois para isso fomos feitos:
Para a esperança no milagre
Para a participação da poesia
Para ver a face da morte —
De repente nunca mais esperaremos...
Hoje a noite é jovem; da morte, apenas
Nascemos, imensamente.

O DIA DA CRIAÇÃO

Macho e fêmea os criou.
Bíblia: *Gênese*, 1,27

I

Hoje é sábado, amanhã é domingo
A vida vem em ondas, como o mar
Os bondes andam em cima dos trilhos
E Nosso Senhor Jesus Cristo morreu na Cruz para nos salvar.

Hoje é sábado, amanhã é domingo
Não há nada como o tempo para passar
Foi muita bondade de Nosso Senhor Jesus Cristo
Mas por via das dúvidas livrai-nos meu Deus de todo mal.

Hoje é sábado, amanhã é domingo
Amanhã não gosta de ver ninguém bem
Hoje é que é o dia do presente
O dia é sábado.

Impossível fugir a essa dura realidade
Neste momento todos os bares estão repletos de homens vazios
Todos os namorados estão de mãos entrelaçadas
Todos os maridos estão funcionando regularmente
Todas as mulheres estão atentas
Porque hoje é sábado.

II

Neste momento há um casamento
Porque hoje é sábado
Há um divórcio e um violamento
Porque hoje é sábado
Há um homem rico que se mata
Porque hoje é sábado
Há um incesto e uma regata
Porque hoje é sábado
Há um espetáculo de gala
Porque hoje é sábado
Há uma mulher que apanha e cala
Porque hoje é sábado
Há um renovar-se de esperanças
Porque hoje é sábado
Há uma profunda discordância
Porque hoje é sábado
Há um sedutor que tomba morto
Porque hoje é sábado
Há um grande espírito de porco
Porque hoje é sábado
Há uma mulher que vira homem
Porque hoje é sábado
Há criancinhas que não comem
Porque hoje é sábado
Há um piquenique de políticos
Porque hoje é sábado
Há um grande acréscimo de sífilis
Porque hoje é sábado

Há um ariano e uma mulata
Porque hoje é sábado
Há uma tensão inusitada
Porque hoje é sábado
Há adolescências seminuas
Porque hoje é sábado
Há um vampiro pelas ruas
Porque hoje é sábado
Há um grande aumento no consumo
Porque hoje é sábado
Há um noivo louco de ciúmes
Porque hoje é sábado
Há um *garden-party* na cadeia
Porque hoje é sábado
Há uma impassível lua cheia
Porque hoje é sábado
Há damas de todas as classes
Porque hoje é sábado
Umas difíceis, outras fáceis
Porque hoje é sábado
Há um beber e um dar sem conta
Porque hoje é sábado
Há uma infeliz que vai de tonta
Porque hoje é sábado
Há um padre passeando à paisana
Porque hoje é sábado
Há um frenesi de dar banana
Porque hoje é sábado

Há a sensação angustiante
Porque hoje é sábado
De uma mulher dentro de um homem
Porque hoje é sábado
Há a comemoração fantástica
Porque hoje é sábado
Da primeira cirurgia plástica
Porque hoje é sábado
E dando os trâmites por findos
Porque hoje é sábado
Há a perspectiva do domingo
Porque hoje é sábado

III

Por todas essas razões deverias ter sido riscado do Livro das
[Origens, ó Sexto Dia da Criação.
De fato, depois da *Ouverture* do *Fiat* e da divisão de luzes e trevas
E depois, da separação das águas, e depois, da fecundação da terra
E depois, da gênese dos peixes e das aves e dos animais da terra
Melhor fora que o Senhor das Esferas tivesse descansado.
Na verdade, o homem não era necessário
Nem tu, mulher, ser vegetal, dona do abismo, que queres
[como as plantas, imovelmente e nunca saciada
Tu que carregas no meio de ti o vórtice supremo da paixão.
Mal procedeu o Senhor em não descansar durante os dois
[últimos dias
Trinta séculos lutou a humanidade pela semana inglesa
Descansasse o Senhor e simplesmente não existiríamos
Seríamos talvez pólos infinitamente pequenos de partículas
[cósmicas em queda invisível na terra.
Não viveríamos da degola dos animais e da asfixia dos peixes

Não seríamos paridos em dor nem suaríamos o pão nosso de
[cada dia
Não sofreríamos males de amor nem desejaríamos a mulher
[do próximo
Não teríamos escola, serviço militar, casamento civil, imposto
[sobre a renda e missa de sétimo dia.
Seria a indizível beleza e harmonia do plano verde das terras e
[das águas em núpcias
A paz e o poder maior das plantas e dos astros em colóquio
A pureza maior do instinto dos peixes, das aves e dos animais
[em cópula.
Ao revés, precisamos ser lógicos, freqüentemente dogmáticos

Precisamos encarar o problema das colocações morais e estéticas
Ser sociais, cultivar hábitos, rir sem vontade e até praticar
[amor sem vontade
Tudo isso porque o Senhor cismou em não descansar no
[Sexto Dia e sim no Sétimo
E para não ficar com as vastas mãos abanando
Resolveu fazer o homem à sua imagem e semelhança
Possivelmente, isto é, muito provavelmente
Porque era sábado.

SONETO DE SEPARAÇÃO

De repente do riso fez-se o pranto
Silencioso e branco como a bruma
E das bocas unidas fez-se a espuma
E das mãos espalmadas fez-se o espanto.

De repente da calma fez-se o vento
Que dos olhos desfez a última chama
E da paixão fez-se o pressentimento
E do momento imóvel fez-se o drama.

De repente, não mais que de repente
Fez-se de triste o que se fez amante
E de sozinho o que se fez contente.

Fez-se do amigo próximo o distante
Fez-se da vida uma aventura errante
De repente, não mais que de repente.

Oceano Atlântico, a bordo do *Highland Patriot*,
a caminho da Inglaterra, setembro de 1938

PÁTRIA MINHA

POEMA DE

Vinicius de Moraes

PÁTRIA MINHA

PÁTRIA MINHA

A minha pátria é como se não fosse, é íntima
Doçura e vontade de chorar; uma criança dormindo
É minha pátria. Por isso, no exílio
Assistindo dormir meu filho
Choro de saudades de minha pátria.

Se me perguntarem o que é a minha pátria, direi:
Não sei. De fato, não sei
Como, por que e quando a minha pátria
Mas sei que a minha pátria é a luz, o sal e a água
Que elaboram e liquefazem a minha mágoa
Em longas lágrimas amargas.

Vontade de beijar os olhos de minha pátria
De niná-la, de passar-lhe a mão pelos cabelos...
Vontade de mudar as cores do vestido (auriverde!) tão feias
De minha pátria, de minha pátria sem sapatos
E sem meias, pátria minha
Tão pobrinha!

Porque te amo tanto, pátria minha, eu que não tenho
Pátria, eu semente que nasci do vento
Eu que não vou e não venho, eu que permaneço
Em contato com a dor do tempo, eu elemento
De ligação entre a ação e o pensamento
Eu fio invisível no espaço de todo adeus
Eu, o sem Deus!

Tenho-te no entanto em mim como um gemido
De flor; tenho-te como um amor morrido
A quem se jurou; tenho-te como uma fé
Sem dogma; tenho-te em tudo em que não me sinto a jeito
Nesta sala estrangeira com lareira
E sem pé-direito.

Ah, pátria minha, lembra-me uma noite no Maine, Nova
                                        [Inglaterra
Quando tudo passou a ser infinito e nada terra
E eu vi *alfa* e *beta* de Centauro escalarem o monte até o céu
Muitos me surpreenderam parado no campo sem luz
À espera de ver surgir a Cruz do Sul
Que eu sabia, mas amanheceu...

Fonte de mel, bicho triste, pátria minha
Amada, idolatrada, salve, salve!
Que mais doce esperança acorrentada
O não poder dizer-te: aguarda...
Não tardo!

Quero rever-te, pátria minha, e para
Rever-te me esqueci de tudo
Fui cego, estropiado, surdo, mudo
Vi minha humilde morte cara a cara
Rasguei poemas, mulheres, horizontes
Fiquei simples, sem fontes.

Pátria minha... A minha pátria não é florão, nem ostenta
Lábaro não; a minha pátria é desolação
De caminhos, a minha pátria é terra sedenta
E praia branca; a minha pátria é o grande rio secular
Que bebe nuvem, come terra
E urina mar.

Mais do que a mais garrida a minha pátria tem
Uma quentura, um querer bem, um bem
Um *libertas quae sera tamen*
Que um dia traduzi num exame escrito:
"Liberta que serás também"
E repito!

Ponho no vento o ouvido e escuto a brisa
Que brinca em teus cabelos e te alisa
Pátria minha, e perfuma o teu chão...
Que vontade me vem de adormecer-me
Entre teus doces montes, pátria minha
Atento à fome em tuas entranhas
E ao batuque em teu coração.

Não te direi o nome, pátria minha
Teu nome é pátria amada, é patriazinha
Não rima com mãe gentil
Vives em mim como uma filha, que és
Uma ilha de ternura: a Ilha
Brasil, talvez.

Agora chamarei a amiga cotovia
E pedirei que peça ao rouxinol do dia
Que peça ao sabiá
Para levar-te presto este avigrama:
"Pátria minha, saudades de quem te ama…
Vinicius de Moraes".

POSFÁCIO

A BALADA DO POETA PRÓDIGO
JOSÉ MIGUEL WISNIK

Manuel Bandeira não teve dúvida em assinalar que a evolução que vinha se processando na poesia de Vinicius de Moraes, na altura dos anos 40, nos colocava "diante de uma força criadora de natureza sem precedentes em nossa literatura".[1] Essa "natureza" única reinava na "abundância e variedade" dos seus meios. Segundo Bandeira, Vinicius tinha "o fôlego dos românticos, a espiritualidade dos simbolistas, a perícia dos parnasianos (sem refugar, como estes, as sutilezas barrocas) e finalmente, homem bem do seu tempo, a liberdade, a licença, o esplêndido cinismo dos modernos". Manuel Bandeira falava com autoridade — não simplesmente pelo peso de sua palavra, mas por ser ele mesmo um poeta com o domínio dos recursos tradicionais do verso, que começou fazendo poesia tardo-simbolista e que eclodiu, em *Libertinagem*, como um poeta moderno, mantendo uma permanente limpidez capaz da mais intensa espiritualidade sem nunca se afastar da concretude. Nele, pode-se dizer, os elementos em jogo na poesia de Vinicius de Moraes estavam já resolvidos numa solução íntegra, fluente e cristalina.

Mas Vinicius era diferente, e nem suas escolhas nem sua vocação mais profunda o levavam para a depuração de um estilo uno. Bandeira sabia bem que não se tratava, tampouco, de um ecletismo por falta de personalidade. Ao contrário, impressionava, como podia também desconcertar, o fato de se combinarem na obra de Vinicius de Moraes a "poesia a granel, às soltas, ao léu" e a "poesia em comprimido, medida e rimada, onde tudo está no seu lugar, com

---

1 Manuel Bandeira, "Cinco elegias", *Ensaios literários*. In *Poesia e prosa*, vol. II, Rio de Janeiro: José Aguilar, 1958, pp.1283-5.

os seus valores e os seus contrastes". Uma dicção desnorteante que podia nos remeter a fontes e níveis desiguais, quase inconcebíveis juntos, como os de Augusto Frederico Schmidt e de Paul Valéry, numa voz poética que podia a um só tempo fluir de mananciais desatados e se disciplinar "em condutos de secção rigorosamente geométrica".

Em *Poemas, sonetos e baladas* podemos encontrar todo o espectro de irradiação dessa natureza pródiga, em franco processo de libertação de um idealismo místico inicial em boa parte auto-repressivo e retórico — que seus livros iniciais, *O caminho para a distância* (1933) e *Forma e exegese* (1935), testemunhavam. O livro de 1946 se desdobra em faces românticas, clássicas, simbolistas e modernas; é desigual mas sempre elevado, como tudo no autor, pela nobreza do sentimento e pela autenticidade da veia lírica. É o fôlego romântico, certamente, que impulsiona por exemplo a ascensão forçosa do gozo carnal às alturas do espírito em "Os acrobatas", as sublimações do feminino no "Cântico", a atmosfera narrativa sinistra da "Balada do enterrado vivo". Uma atmosfera de espiritualidade crepuscular, algo decadentista, às vezes diáfana, embala por sua vez os cânticos e barcarolas de "Paisagem", "Sinos de Oxford", "Mar". Já a perícia das formas fixas — de orientação mais clássico-maneirista que parnasiana — domina solenemente o livro com o esplêndido "Soneto da fidelidade" que o abre e com o esplêndido "Soneto da separação" que o fecha. Neles, assim como no "Soneto de Carnaval", no "Soneto do amor maior" e no "Soneto de quarta-feira de cinzas", Vinicius de Moraes decantou como pouquíssimos modernos a grande tradição lírica da língua portuguesa, tendo como toque de fundo o vulto camoniano. Nos "Quatro sonetos de meditação" encontrou, ainda, atalhos, recortes e ritmos mentais surpreendentes no exercício do gênero mais que consagrado, o soneto. E as aproximações mais francamente modernistas do livro, seja pelo registro coloquial-irônico, pela ironia prosaica, pelo verso livre, que se insinuam incompletamente na "Balada do Cavalão", em "Sombra e luz", em "Azul e Branco", encontram sua realização mais plena n'"O dia da criação", cujo bordão — "Porque hoje é sábado" — tornou-se parte da nossa memória coletiva junto com outros versos insistentes — idéias fixas concentradas — como "tinha uma pedra no meio do caminho", "e agora, José?", de Drummond, ou "vou-me embora pra Pasárgada", do próprio Bandeira.

No arco do seu itinerário de vida, que podemos olhar já à distância, tudo indica que Vinicius de Moraes não quis restringir-se ao cultivo rigoroso da poesia mais densa, mais seleta e rarefeita, não quis assumir qualquer filtro purista como modo de conduta, não quis confinar-se, em suma, no nicho dos estetas, embora tivesse poder de fogo de sobra para isso, considerada a alta qualidade do seu verso e da sua imaginação poética. Como dissemos, depois dos primórdios retóricos de uma poesia espiritualista e prenhe de verticalidade mística, Vinicius adotou uma certa horizontalidade reumanizada e, no rumo talvez de uma inclinação inversa, passou a trair ciclicamente todos os purismos, a começar dos próprios: da mística idealizante à "aproximação do mundo material" (mas sem perder a espiritualidade), da poesia transcendental à dissipação moderna (mas sem perder a ressonância com a tradição), da poesia literária à canção (mas sem perder a poesia), de "Chega de saudade" a "Tarde em Itapoã" (para não perder o gosto vário da vida). Nesse caminho, Vinicius pareceu galgar a cada vez um patamar *abaixo* do esperado pelos cultores das alturas, decepcionando os defensores da poesia transcendental contrários à poesia modernista (nos anos 40), os defensores da poesia escrita contrários à canção popular (do final dos anos 50 para os anos 60), os defensores da bossa nova contrários à canção mais elementar e hedonista (nos anos 70).

O percurso poderia ser visto como derrisório se ele tivesse abandonado a inspiração lírica, mas a fidelidade a esta foi o fundamento que jamais deixou de cultivar. Comentando *Cinco elegias*, Bandeira falava já em "intoxicação de amor" em Vinicius de Moraes. No documentário *Vinicius*,[2] Maria Bethânia diz iluminadamente que o poeta veio para anunciar ao mundo a grandeza e a beleza de amar, e que na verdade dessa entrega estava o recado mais fundo, misterioso e secreto de sua existência. No mesmo documentário, Chico Buarque revela que, em Vinicius de Moraes, tudo que se acumulava logo se dissipava. A metáfora por excelência disso é a sua relação com o dinheiro: a maçaroca das notas, infensa às contas bancárias, aos fundos de poupança e a qualquer esboço de aplicação financeira, se espalhava desordenadamente, desaparecendo como chegava, sem deixar traço. Podemos ver prodigalidade semelhante na sua relação com os próprios talentos: Vinicius de Moraes *não era* o cioso administrador de seu capital poético. Compreendendo esse fato como o sinal de um destino maior, Chico Buarque o vê como o homem que, pelo seu absoluto desprendimento, os tempos atuais tornariam rigorosamente impossível existir. Sua importância é inegável e amplamente reconhecida, como sabemos, para a cultura brasileira do século xx, a cuja lenda pertence pelo modo como arrastou consigo a poesia, a arte dramática, a arte de viver, a canção, a erudição e a expressão popular, engrandecendo-as todas.

Aqui, com o livro em mãos, as exigências e as perguntas que nos ficam são ainda de outra natureza, as especificamente literárias, aquelas que a crítica tem tido dificuldade ou pouca vontade de equacionar: o que fica afinal do seu legado escrito, o que se guardará do que ele escreveu?

Há um momento, talvez nuclear, de *Poemas, sonetos e baladas* em que o "Soneto a Otávio de Faria" jaz espremido entre o belíssimo poema erótico "Rosário" e a poderosa "Balada do Mangue". Podemos ver nessa justaposição a resolu-

2 Longa-metragem dirigido por Miguel Faria Jr., 2005.

ção escancarada da dualidade que atormentava secretamente o jovem poeta na sua primeira fase, quando Vinicius despontava como o delfim poético dos círculos católicos cuja proposta de ascese não era compatível com namoradas despontando aqui e ali, com os primeiros sustos sexuais, com as sortidas aos bordéis, com o enigma lancinante da carne. Superando amplamente o tratamento sentimental do mesmo tema, tal como se vê na "Balada da praia do Vidigal", "Rosário" é o poema da passagem da inocência à experiência, do sexo fusional mergulhado no mistério do mar, do gozo, da culpa, do rosário ancestral das pretas rezado em feitio de evocação. Há nele a força espantosa e a delicadeza da descoberta suprema: "Ergueu a saia de um gesto/ Por sobre a perna dobrada/ Mordendo a carne da mão/ Me olhando sem dizer nada/ Enquanto jazente eu via/ Como uma anêmona na água/ A coisa que se movia/ Ao vento que a farfalhava./ Toquei-lhe a dura pevide/ Entre o pêlo que a guardava/ Beijando-lhe a coxa fria/ Com gosto de cana brava./ Senti à pressão do dedo/ Desfazer-se desmanchada/ Como um dedal de segredo/ A pequenina castanha/ Gulosa de ser tocada". O apelo tremendo da mulher primeira ("Carregando os peitos loucos/ Quem sabe pra quem, quem sabe?") tragado pelo mundo, pelos "outros de mais idade/ Que a carregaram da ilha/ Para as ruas da cidade/ Meu grande sonho da infância/ Angústia da mocidade".

Já a "Balada do Mangue", formando um anel especular com "Rosário", é feita da crua e desiludida interpelação, desesperada e cúmplice, às mulheres prostituídas, "Pobres flores gonocócicas/ Que à noite despetalais/ As vossas pétalas tóxicas!". Como as "flores horizontais" d'"O santeiro do Mangue" de Oswald de Andrade, intensificadas e prolongadas aqui em suas chamas, elas desfilam em imagens ácidas e ardentes, em suas "jaulas acesas/ Mostrando o rubro das presas", "maternais hienas", "glabras, glúteas caftinas/ embebidas em jasmim", "gordas polacas serenas", cujo "contraponto de vozes [...] é semelhante às luzes/ Votivas de um cemitério/ Esculpido de memórias!/ Pobres, trágicas mulheres/ Multidimensionais/ Ponto morto de choferes/ Passadiço de navais!". É para esse lugar carnal e social, feito de alma e mercadoria, que vai o convite inesperado, suicida, utópico, em forma de interrogação explosiva, para que essas potências tristes se lancem como coquetéis de fogo, como mulheres-bomba, sobre o mundo covarde dos homens: "Por que não vos trucidais/ Ó inimigas? ou bem/ Não ateais fogo às vestes/ E vos lançais como tochas/ Contra esses homens de nada/ Nessa terra-de-ninguém!".

Ninguém duvidaria que a mulher está no ponto crucial de toda a poética de Vinicius, e que é delas que ele espera a salvação e o abismo, o incêndio redentor. No plano intersubjetivo, esse incêndio chama-se paixão, e dessa chama, como se sabe, se deseja que seja infinita "enquanto dure". Assim, atirar-se na paixão total e morrer com ela para renascer em outra paixão é o arco cíclico cujos momentos e movimentos são a matéria sutil de muitos dos sonetos de encontros e separações em Vinicius de Moraes. Menos evidente que isso é que há neles uma pulsão de morte que só o eterno feminino parece redimir. A redenção da morte pelo eterno feminino, aliás, percorre secretamente este livro todo. Veja-se um poema como "A partida", em que a visão da própria morte em tempo real, pelo eu, é marcada pela tripla aparição misteriosa da mulher, como a inomeável que está no começo, no meio e no fim de tudo — a imagem última antes da subida pelo "oco raio estelar" céu-acima. Em "Paisagem", na visita ao "pensamento/ da morte minha amiga/ ao pé da grande montanha/ do outro lado do poente", quando nada mais parece poder acontecer, é que surge, não mais que de repente, "uma menina/ de vermelho [...] correndo, correndo...".

Veja-se ainda o segundo dos "Quatro sonetos de meditação". Nesse poema do amor em confronto aberto com a pulsão de morte, a frase "uma mulher me ama" retorna quatro vezes em meio a um fluxo que não cessa a não ser quando estancado a cada vez pela frase que retorna obsessiva e que afinal se transfigura e se *ilumina de imenso* no último verso: "Quando o escuro/ Do crepúsculo mórbido e maduro/ Me leva a face ao gênio dos espelhos/ E eu, moço, busco em vão meus olhos velhos/ Vindos de ver a morte em mim divina:/ Uma mulher me ama e me ilumina".

Poemas, sonetos e baladas contém ainda uma aparição surpreendente pela vibrante e inequívoca nitidez dos traços em sua revelação inaugural: a "Balada das meninas de bicicleta", garotas de Ipanema *avant la lettre*, em revoada, "louras com peles mulatas/ princesas da zona sul", pedalando suas máquinas com as "nervosas panturrilhas/ na rotação dos pedais", "centauresas transpiradas/ que o leque do mar abana!", "velozes massas em chama/ explodindo em vitaminas". Essa epifania moderna, recém-aberta pela caixa histórica e mágica do pós-guerra, que Vinicius de Moraes parece ter sido o primeiro a ver, entra em contraponto energético com a mulata ancestral de "Rosário", com as putas imemoriais do Mangue, com a dor do mundo patriarcal e escravista que ela parece poder superar, augurando a bossa nova, a pílula, a revolução sexual, o *topless* em seu momento de primeira anunciação ("Vós que levais tantas raças/ Nos corpos firmes e crus:/ Meninas, soltai as alças/ Bicicletai seios nus!"). Mesmo assim, o futuro poeta da famosa "Garota" já faz aqui seu proverbial lamento melancólico ante a beleza que passa, já "que tudo é tão triste" frente à "beleza que existe": "O mesmo eterno poeta/ Um poeta — essa coisa triste/ Escravizada à beleza/ Que em vosso rastro persiste,/ Levando a sua tristeza/ No quadro da bicicleta". Vinicius de Moraes não poderia resistir, é claro, a ser o cantor desse mundo nascente, cheio das promessas férteis e frustradas do Brasil moderno, que ele mesmo percebeu tão precocemente a ponto de parecer tê-lo adivinhado, sempre através da mulher.

N"'O dia da criação" Vinicius parece ter chegado ao tema da cidade e dos tempos modernos, onde, em vez de verticalidades espirituais, o que domina definitivamente é o horizonte estatístico aplainando sentimentos, veleidades, ilusões e desejos em cascata. A parte II é construída por enumeração caótica, rebatida pelo bordão do dia da criação dessacralizado: "Neste momento há um casamento/ Porque hoje é sábado/ Há um divórcio e um violamento/ Porque hoje é sábado/ Há um homem rico que se mata/ Porque hoje é sábado/ Há um incesto e uma regata/ Porque hoje é sábado". *Faits divers*, fragmentos de jornal, sentimentos de injustiça, impulsos morais e impulsos perversos, as exceções e as regras, tudo desfila num frenesi angustiado e coletivo onde a descarga do labor semanal não encontra objeto, e o desrecalque não libera. "Mal procedeu o Senhor em não descansar durante os dois últimos dias/ Trinta séculos lutou a humanidade pela semana inglesa/ Descansasse o Senhor e simplesmente não existiríamos/ Seríamos talvez pólos infinitamente pequenos de partículas cósmicas em queda invisível na terra".

Em tempo, este volume contém ainda um bônus gentil não pertencente a *Poemas, sonetos e baladas*: o recado de amor do poeta, estrangeiro e brasileiro, em "avigrama" lírico, para a *Pátria minha* — para muito além de qualquer xenofobia e de qualquer nacionalismo.

ARQUIVO

OUTUBRO, 29*
SÉRGIO MILLIET

Vinicius de Moraes foi saudado, no início de sua atividade literária, como um dos mais belos poetas da nova geração. Esta, por certo, já não se apresenta muito nova, tendo depois dela surgido outra bem mais agressiva e consciente de sua função, do papel que uma geração deve desempenhar para que fique na história como geração, mas a qualidade pessoal do poeta não caducou com a "velhice" e o livro que ora editam as Edições Gaveta (*Poemas, sonetos e baladas*) bem o comprova. Vinicius de Moraes é a meu ver o último e o mais brilhante dos poetas do modernismo ortodoxo (juntamente com Ledo Ivo). Eleva ao auge os vícios e as virtudes da escola. Tem como seus predecessores e mestres o conhecimento técnico da métrica e o virtuosismo retórico, o que lhe permite jogar com todas as soluções do passado e do presente; tem a invenção fecunda, o amor ao paradoxo, o humor, e até uma dose suficiente de romantismo para que suas sínteses ousadas e seus hermetismos ocasionais permaneçam líricos, musicais e acessíveis com um pouco de boa vontade ou de sensibilidade da parte do leitor.

Entretanto, o poeta está mais próximo dos pioneiros do modernismo e dos jovens que agora se iniciam nas revistas da província que dos predecessores imediatos. Sua predileção pela disciplina formal é, desse ponto de vista, característica. Rarissimamente se abandona ao capricho da inspiração, em que pesem as aparências. Controla-se, e quase sempre sob as medidas clássicas do alexandrino, do decassílabo e do

---

*Publicado originalmente em o *Estado de São Paulo*, 29 out. 1947, p. 6, e reproduzido em *Diário crítico de Sérgio Milliet*, vol. v, 2ª ed., São Paulo: Martins, Edusp, 1981, pp. 219-23.

verso de sete pés, muito embora por vezes os desarticule sem cerimônia. Conscientemente, porém, como o fizeram Bandeira, Mário de Andrade e outros. Há, portanto, em sua criação poética um permanente esforço construtivo com o qual simpatizo (e muito) e que já apontei como comum também aos novíssimos, ao que parece cansados da anarquia "genial" dos epígonos de 22.

Onde Vinicius de Moraes mais se aproxima dos poetas do período de transição é na riqueza excessiva das imagens e na falta de coragem selecionadora, essa coragem de cortar e reduzir, de despojar-se do supérfluo em obediência a um critério de pureza dia a dia mais imperioso.

Poesia de sensibilidade sobretudo, de lirismo solto, não deixa, entretanto, de apresentar, nos sonetos em especial, que ele demonstra ser capaz de renovar, um pensamento não raro profundo e angustiado. É da peça intitulada "Soneto de Carnaval" que tiro os seguintes versos:

E vivemos partindo, ela de mim
E eu dela, enquanto breves vão-se os anos
Para a grande partida que há no fim

De toda a vida e todo o amor humanos:

Pela dignidade da forma, pela simplicidade da expressão, pela pureza sem enchimentos dos versos em si, esse soneto parece-me digno dos melhores de nossa língua. E a mesma inspiração marca poemas mais longos, como esse de "A partida", em versos de sete sílabas e no qual o poeta eleva a recordação da vida boêmia às alturas de um lirismo raro:

Será meu corpo sozinho
Que há de me acompanhar
Que a alma estará vagando
Entre os amigos, num bar.

Ninguém ficará chorando
Que mãe já não terei mais
E a mulher que outrora tinha
Mais que ser minha mulher
É mãe de uma filha minha.

No entanto, jamais esse respeito à poesia nobre o conduz ao sacrifício da naturalidade, nem faz dele um falso moralista. Vinicius de Moraes evita com felicidade o pedantismo que pode nascer de uma transformação da nobreza em atitude convencional, em academismo, como aconteceu a mais de um parnasiano acatado. É que ele permanece humano com suas grandes fraquezas de homem e suas iluminações de poeta a dignificarem o vulgar:

Bateu com ele no chão
Arrastou ele nas pedras
Espremeu seu coração
Que pensa *usted* que saiu?
Saiu cachaça e limão.

A poesia está, assim, para Vinicius, na vida plena com suas pequenas misérias e suas grandes generosidades. E o mesmo poeta que canta com ternura a odisséia de um ébrio, exprime em tom elegíaco as riquezas da paternidade:

Não leves nunca de mim
A filha que tu me deste
A doce, úmida, tranqüila
Filhinha que tu me deste

Serão esses vôos rasteiros sobre as coisas do cotidiano de um grande poeta? Vejo nessa humildade a marca mais pura da poesia, mas Vinicius de Moraes não se comove somente com o lirismo acessível a todos. Ele também pode, por momentos, alçar-se à atmosfera mais rarefeita da poesia de grande vôo, entrar mar afora com o "Pescador" e então seu verso vira versículo e são os ritmos largos da dicção que lhe imprimem a forma certa:

Levas na mão a bandeira branca da vela enfunada
E chicoteias com o anzol a face invisível do céu.

Nessas alturas já não são as imagens que excitam a nossa emoção, é o clima dos sons, em que mergulhamos e de onde saímos enriquecidos, os olhos prenhes de visões, a alma multiplicada, o espírito receptivo a todas as sugestões. Referi-me a princípio ao virtuosismo do poeta, ao domínio que possui de seu instrumento poético. O melhor exemplo que poderia dar dessa minha assertiva encontra-se no "Cântico":

Não, tu não és um sonho, és a existência
Tens carne, tens fadiga e tens pudor
No calmo peito teu. Tu és a estrela
Sem nome, és a morada, és a cantiga
Do amor, és luz, és lírio, namorada!

Escrito aparentemente em decassílabos não rimados, esse poema, na realidade, é composto em versos livres de rimas internas.

Mas o novo livro de Vinicius de Moraes, lindamente ilustrado por Carlos Leão, terá ainda para os leitores a vantagem de conter as duas mais famosas baladas do modernismo, a "Balada do Mangue" e a "Balada das meninas de bicicleta".

Ninguém cantou melhor a tristeza miserável das pobres mulheres murchas do Mangue:

Orquídeas do despudor
Não sois *Lælia* tenebrosa
Nem sois Vanda tricolor:
Sois frágeis, desmilingüidas
Dálias cortadas ao pé
Corolas descoloridas
Enclausuradas sem fé.

Como ninguém cantou com mais compreensão e simpatia humana a graça um pouco perversa das adolescências indecisas:

Meninas de bicicleta
Que fagueiras pedalais
Quero ser vosso poeta!
....
Ao sol de Copacabana
Centauresas transpiradas
Que o leque do mar abana!

Estamos, com Vinicius de Moraes, sempre à beira do abismo, o abismo do preciosismo. Mas o poeta é um guia seguro. Conhece os lugares perigosos e às vezes não resiste ao prazer de nos meter medo. Mas segura-nos logo pelas vestes e nos repõe no bom caminho. E tenho a certeza de que nunca se deixará arrastar, ele próprio, pela tentação do simples paradoxo ou do malabarismo estéril. Ele tem muito que dizer para dedicar-se em definitivo a tais jogos pueris. Quem escreve "Poema de Natal" está positivamente no caminho mais certo da poesia, o da porta estreita:

Para isso fomos feitos:
Para lembrar e ser lembrados
Para chorar e fazer chorar
Para enterrar os nossos mortos —

....
Por isso precisamos velar
Falar baixo, pisar leve, ver
A noite dormir em silêncio.

Não há muito que dizer:
Uma canção sobre um berço
Um verso, talvez, de amor

....
Pois para isso fomos feitos:
Para a esperança no milagre
Para a participação da poesia
Para ver a face da morte —

....

O grande poeta é o que assim se coloca diante da vida, humilde e receptivo.

UM POEMA DE VINICIUS DE MORAES*

ANTONIO CANDIDO

A flutuação do gosto em relação aos poetas é normal, como é normal a sucessão dos modos de fazer poesia. Pelo visto, Vinicius de Moraes anda em baixa acentuada, e seria uma perda grave se não voltasse qualquer dia a ser reconhecido como um dos grandes do século literário em que viveu. Talvez o seu prestígio tenha diminuído porque se tornou cantor e compositor, levando a opinião a considerá-lo mais letrista do que poeta. Mas deve ter sido também porque encarnou um tipo de poesia oposto a certas modalidades consideradas mais representativas da modernidade. Refiro-me àquelas para as quais cada palavra tende a ser objeto autônomo, portador de maneira isolada (ou quase) do significado poético; ou, mesmo, apenas de valores sonoros que o substituem. Vinicius, ao contrário, fez poesia com palavras concatenadas de maneira a obter uma seqüência semântica que dissolve a autonomia delas num discurso poético articulado. Na história da literatura brasileira ele é um poeta de continuidades, não de rupturas; e o nosso é um tempo que tende à ruptura, ao triunfo do ritmo e mesmo do ruído sobre a melodia, assim como tende a suprimir as manifestações da afetividade. Ora, Vinicius é melodioso e não tem medo de manifestar sentimentos, com uma naturalidade que deve desgostar as poéticas de choque, geralmente interessadas em suprimir qualquer marca de espontaneidade e em realçar o cunho de artifício. Por vezes, ele chega mesmo a cometer o pecado maior para o nosso tempo: o sentimentalismo. Quanto à tonalidade afetiva da sua obra poética,

---

*Publicado em Teoria e debate, nº 49, São Paulo: Fundação Perseu Abramo, out.-dez. 2001, pp. 70-71.

talvez fosse possível resumi-la com os conhecidos versos de Manuel Bandeira:

[...] direi coisas de uma ternura tão simples
Que tu desfalecerás.

Isso lhe permitiu dar estatuto de poesia a coisas, sentimentos, palavras extraídos do mais singelo quotidiano, do coloquial mais familiar e até piegas, de maneira a parecer muitas vezes um seresteiro milagrosamente transformado em poeta maior. João Cabral disse mais de uma vez, com visível desvanecimento, que a sua poesia remava contra a maré da tradição lírica de língua portuguesa. Vinicius seria, ao contrário, alguém integrado no fluxo da sua corrente, porque se dispôs a atualizar a tradição. Isso foi possível devido à maestria com que dominou o verso, jogando com praticamente todas as suas possibilidades. Nada mais significativo do que observar na sua obra a oscilação que o leva e traz da prosa inspirada ao metro rigoroso, passando por versos livres de todos os feitios, inclusive o versículo de corte bíblico, que estava em moda quando começou a fazer poesia e lhe serviu de treinamento artesanal e espiritual, no tempo em que era um jovem católico aberto para sugestões metafísicas. Depois, deslizou para a esquerda e para outras maneiras, com muita versatilidade, mantendo sempre um toque de fervor, que nele é o halo que envolve todos os temas e todos os assuntos. Daí a capacidade de abordar por meio da métrica e das harmonias tradicionais situações e matérias que os modernistas e sucessores teriam preferido tratar com verso livre ou verso regular endurecido, despido de musicalidade. Mas ele consegue ser moderno usando metrificação e cultivando a melodia, com uma imaginação renovadora e uma liberdade que quebram as convenções e conseguem preservar os valores coloquiais. Rigoroso como Olavo Bilac, fluido como o Manuel Bandeira dos versos regulares, terra-a-terra como os poemas conversados de Mário de Andrade, esse mestre do soneto e da crônica é um raro malabarista.

Nada melhor para sentir a variedade e o alcance, mas também o vigor da sua mensagem do que a "Balada do Mangue", um dos poemas mais belos da literatura brasileira, feito num tipo de discurso que vale como reinterpretação atual de velhos poemas expositivos. Em sua obra há diversos exemplos dessa modernização, que lhe permite tratar com um toque de intemporalidade os temas aparentemente menos poéticos.

Os jovens de hoje, posteriores à revolução dos costumes sexuais, talvez não saibam que, no tempo em que o poema foi composto (decênio de 1940), a zona do Rio de Janeiro cortada pelo canal do Mangue era a concentração mais vistosa do que se denominava "baixo meretrício". A partir da sua realidade pitoresca e pungente Oswald de Andrade escreveu "O santeiro do Mangue" e Lasar Segall produziu uma série de desenhos que poderiam servir para ilustrar este poema. Talvez não saibam, também, que as "mulheres da vida" eram freqüentemente francesas e polonesas ("polacas") trazidas pelas poderosas organizações internacionais do lenocínio, isto é, o aliciamento e exploração organizada da prostituição com fins lucrativos. E que as pobres profissionais nesse nível inferior, privadas de outra opção na vida, obrigadas a praticar o sexo sem afeto ("enclausuradas sem fé"), ficavam se expondo nas portas e janelas (as "jaulas acesas"), seminuas ou com roupas berrantes, quase sempre chamando ruidosamente os clientes ("falando coisas do amor"). O mundo mudou tanto, que esses esclarecimentos devem ser necessários para a compreensão desse texto corajoso e contundente, feito há mais de cinqüenta anos. Ele corresponde a um traço peculiar da obra de Vinicius: construir a expressão violenta a partir de uma serenidade debaixo da qual podem crepitar a dor e a indignação. Aqui, a tragédia da prostituição é exposta com tonalidades que começam aparentemente brandas, nutridas de imagens florais e vão crescendo de intensidade até terminarem numa rajada de revolta que sugere a destruição, pelo fogo justiceiro da revolta, da sociedade que reduz a mulher a mercadoria cedida a preço vil. As flores contaminadas do começo são agora tochas incendiárias.

Este texto faz parte do livro *Poemas, sonetos e baladas*, publicado em São Paulo pelas Edições Gaveta, do pintor Clovis Graciano, em tiragem limitada, no ano de 1946, mas estava pronto fazia tempo. Em 1943 Vinicius de Moraes veio a São Paulo entregá-lo ao editor e nessa ocasião fez dele uma leitura completa na casa de Lauro Escorel, na rua Manuel da Nóbrega, presentes apenas os donos da casa e eu. Lembro o impacto causado em nós três por este e outros poemas do livro, que marcou o amadurecimento do poeta.

Se ele tivesse querido publicar "Balada do Mangue" nalgum periódico daquele tempo talvez não tivesse podido; o tema era ousado e a censura era estrita, agravada pela ditadura do Estado Novo, moralista como costumam ser as ditaduras. Digo isso porque outro poema do livro, "Rosário", publicado na *Revista do Brasil* (3ª fase), motivou a apreensão do número pela polícia. Nele Vinicius contava a sua iniciação sexual, com a naturalidade lírica e tranqüila que, na sua obra, purifica qualquer tema ou qualquer palavra, por mais crus que sejam.

CRONOLOGIA

1913 Nasce Vinicius de Moraes, em 19 de outubro, no bairro da Gávea, Rio de Janeiro, filho de Lydia Cruz de Moraes e Clodoaldo Pereira da Silva Moraes.

1916 A família muda-se para Botafogo, e Vinicius passa a residir com os avós paternos.

1922 Seus pais e os irmãos transferem-se para a ilha do Governador, onde Vinicius constantemente passa suas férias.

1924 Inicia o curso secundário no Colégio Santo Inácio, em Botafogo.

1928 Compõe, com Haroldo e Paulo Tapajós, respectivamente, os foxes "Loura ou morena" e "Canção da noite", gravados pelos Irmãos Tapajós em 1932.

1929 Bacharela-se em letras, no Santo Inácio. Sua família muda-se para a casa contígua àquela onde nasceu o poeta, na rua Lopes Quintas.

1930 Entra para a Faculdade de Direito da rua do Catete.

1933 Forma-se em direito e termina o Curso de Oficial de Reserva. Estimulado por Otávio de Faria, publica seu primeiro livro, *O caminho para a distância*, na Schmidt Editora.

1935 Publica *Forma e exegese*, com o qual ganha o Prêmio Felipe d'Oliveira.

1936 Publica, em separata, o poema *Ariana, a mulher*.

1938 Publica *Novos poemas*. É agraciado com a bolsa do Conselho Britânico para estudar língua e literatura inglesas na Universidade de Oxford (Magdalen College), para onde parte em agosto do mesmo ano. Trabalha como assistente do programa brasileiro da BBC.

1939 Casa-se, por procuração, com Beatriz Azevedo de Mello. Regressa da Inglaterra em fins do mesmo ano, devido à eclosão da Segunda Grande Guerra.

1940 Nasce sua primeira filha, Susana. Passa longa temporada em São Paulo.

1941 Começa a escrever críticas de cinema para o jornal *A Manhã* e colabora no "Suplemento Literário".

1942 Nasce seu filho, Pedro. Faz uma extensa viagem ao Nordeste do Brasil acompanhando o escritor americano Waldo Frank.

1943 Publica *Cinco elegias*. Ingressa, por concurso, na carreira diplomática.

1944 Dirige o "Suplemento Literário" d'*O Jornal*.

1946 Parte para Los Angeles, como vice-cônsul, em seu primeiro posto diplomático. Publica *Poemas, sonetos e baladas* (372 exemplares, com ilustrações de Carlos Leão).

1947 Estuda cinema com Orson Welles e Gregg Toland. Lança, com Alex Viany, a revista *Filme*.

1949 Publica *Pátria minha* (tiragem de cinqüenta exemplares, em prensa manual, por João Cabral de Melo Neto, em Barcelona).

1950 Morre seu pai. Retorna ao Brasil.

1951 Casa-se com Lila Bôscoli. Colabora no jornal *Última Hora* como cronista diário e, posteriormente, como crítico de cinema.

1953 Nasce sua filha Georgiana. Colabora no tablóide semanário "Flan", de *Última Hora*. Edição francesa das *Cinq élégies*, nas edições Seghers. Escreve crônicas diárias para o jornal *A Vanguarda*. Segue para Paris como segundo-secretário da embaixada brasileira.

1954 Publica *Antologia poética*. A revista *Anhembi* edita sua peça *Orfeu da Conceição*, premiada no concurso de teatro do IV Centenário da cidade de São Paulo.

1955 Compõe, em Paris, uma série de canções de câmara com o maestro Claudio Santoro. Trabalha, para o produtor Sasha Gordine, no roteiro do filme *Orfeu negro*.

1956 Volta ao Brasil em gozo de licença-prêmio. Nasce

sua terceira filha, Luciana. Colabora no quinzenário *Para Todos*. Trabalha na produção do filme *Orfeu negro*. Conhece Antonio Carlos Jobim e convida-o para fazer a música de *Orfeu da Conceição*, musical que estréia no Teatro Municipal do Rio de Janeiro. Retorna, no fim do ano, a seu posto diplomático em Paris.

1957 É transferido da embaixada em Paris para a delegação do Brasil junto à Unesco. No fim do ano é removido para Montevidéu, regressando, em trânsito, ao Brasil. Publica *Livro de sonetos*.

1958 Parte para Montevidéu. Casa-se com Maria Lúcia Proença. Sai o LP *Canção do amor demais*, de Elizete Cardoso, com músicas suas em parceria com Tom Jobim.

1959 Publica *Novos poemas II*. *Orfeu negro* ganha a Palme d'Or do Festival de Cannes e o Oscar de Melhor Filme Estrangeiro.

1960 Retorna à Secretaria do Estado das Relações Exteriores. Segunda edição (revista e aumentada) de *Antologia poética*.

Edição popular da peça *Orfeu da Conceição*. É lançado *Recette de femme et autres poèmes*, tradução de Jean-Georges Rueff, pelas edições Seghers.

1961 Começa a compor com Carlos Lyra e Pixinguinha. É publicada *Orfeu negro*, com tradução italiana de P. A. Jannini, pela Nuova Academia Editrice.

1962 Começa a compor com Baden Powell. Compõe, com Carlos Lyra, as canções do musical *Pobre menina rica*. Em agosto, faz show com Tom Jobim e João Gilberto na boate Au Bon Gourmet. Na mesma boate, apresenta o espetáculo *Pobre menina rica*, com Carlos Lyra e Nara Leão. Compõe com Ari Barroso. Publica *Para viver um grande amor*, livro de crônicas e poemas. Grava, como cantor, disco com a atriz e cantora Odete Lara.

1963 Começa a compor com Edu Lobo. Casa-se com Nelita Abreu Rocha e parte para um posto em Paris, na delegação do Brasil junto à Unesco.

1964 Regressa de Paris e colabora com crônicas semanais para a revista *Fatos e Fotos*, assinando, paralelamente, crônicas sobre música popular para o *Diário Carioca*. Começa a compor com Francis Hime. Faz show (transformado em LP) com Dorival Caymmi e o Quarteto em Cy na boate carioca Zum-Zum.

1965 Publica a peça *Cordélia e o peregrino*, em edição do Serviço de Documentação do Ministério da Educação e Cultura. Ganha o primeiro e o segundo lugares do I Festival de Música Popular Brasileira da TV Excelsior de São Paulo, com "Arrastão" (parceria com Edu Lobo) e "Valsa do amor que não vem" (parceria com Baden Powell). Trabalha com o diretor Leon Hirszman no roteiro do filme *Garota de Ipanema*. Volta à apresentação com Caymmi, na boate Zum-Zum.

1966 São feitos documentários sobre o poeta pelas televisões americana, alemã, italiana e francesa, os dois últimos realizados pelos diretores Gianni Amico e Pierre Kast.

Publica *Para uma menina com uma flor*. Faz parte do júri do Festival de Cannes.

1967 Publica a segunda edição (aumentada) do *Livro de sonetos*. Estréia o filme *Garota de Ipanema*.

1968 Falece sua mãe, em 25 de fevereiro. Publica *Obra poética*, organizada por Afrânio Coutinho, pela Companhia Aguilar Editora.

1969 É exonerado do Itamaraty. Casa-se com Cristina Gurjão.

1970 Casa-se com Gesse Gessy. Nasce sua filha Maria Gurjão. Início de sua parceria com Toquinho.

1971 Muda-se para a Bahia. Viaja para a Itália.

1972 Retorna à Itália com Toquinho, onde gravam o LP *Per vivere un grande amore*.

1975 Excursiona pela Europa. Grava, com Toquinho, dois discos na Itália.

1976 Casa-se com Marta Rodrigues Santamaria.

1977 Grava LP em Paris,
com Toquinho. Show com
Tom, Toquinho e Miúcha,
no Canecão.

1978 Excursiona pela Europa
com Toquinho. Casa-se
com Gilda de Queirós Mattoso.

1980 Morre, na manhã
de 9 de julho, em sua casa,
na Gávea.

CRÉDITOS DAS IMAGENS

Todos os esforços foram feitos para determinar a origem das imagens deste livro. Nem sempre isso foi possível. Teremos prazer em creditar as fontes, caso se manifestem.

1. Acervo Arquivo – Museu de Literatura Brasileira, da Fundação Casa de Rui Barbosa.
2. José Medeiros/ Acervo Instituto Moreira Salles.
3. DR/ Acervo VM.
4. Acervo Arquivo – Museu de Literatura Brasileira, da Fundação Casa de Rui Barbosa.
5. José Medeiros/ Acervo Instituto Moreira Salles.
6. DR/ Acervo VM.
7. DR/ Acervo VM.
8. Acervo Arquivo – Museu de Literatura Brasileira, da Fundação Casa de Rui Barbosa.
9. © Erich Hartmann/ Magnum Photos.
10. Acervo Arquivo – Museu de Literatura Brasileira, da Fundação Casa de Rui Barbosa.
11. DR/ Acervo VM.
12. DR/ Acervo VM.
13. Acervo do organizador.
14. © Dennis Stock/ Magnum Photos.
15. Acervo Arquivo – Museu de Literatura Brasileira, da Fundação Casa de Rui Barbosa.
16. *Limite*, Saulo Pereira de Mello. Editora Rocco, Rio de Janeiro, 1996.
17. Hemeroteca Arquivo Mário Peixoto. Reprodução: Francisco Moreira da Costa.
18. Andre Arruda/ Sambaphotos/ Getty Images.
19. Candido Portinari. Conchas e Hipocampos [1942] Painel de azulejos 990 x 1510 cm [painel] 15 x 15 cm [azulejos] Reprodução autorizada por João Candido Portinari Imagem do acervo do Projeto Portinari. Reprodução: Bel Pedrosa.
20. Acervo Arquivo – Museu de Literatura Brasileira, da Fundação Casa de Rui Barbosa.
21. José Medeiros/ Acervo Instituto Moreira Salles.

ESTA OBRA FOI COMPOSTA EM
FAIRFIELD POR WARRAKLOUREIRO
E IMPRESSA EM OFSETE
PELA RR DONNELLEY SOBRE
PAPEL PÓLEN SOFT DA
SUZANO PAPEL E CELULOSE
PARA A EDITORA SCHWARCZ
EM ABRIL DE 2016